Datenschutz-Berater

Praxiskommentar Auftragsverarbeitung

Kommentierung der Artikel 4 Nr. 8, 28 und 29 DSGVO

Dr. Paul Voigt

Fachmedien Recht und Wirtschaft | dfv Mediengruppe | Frankfurt am Main

Bibliografische Information der Deutschen Nationalbibliothek

Die Deutsche Nationalbibliothek verzeichnet diese Publikation in der Deutschen Nationalbibliografie; detaillierte bibliografische Daten sind im Internet über http://dnb.de abrufbar.

ISBN 978-3-8005-1982-8

dfv Mediengruppe

www.ruw.de

Druck: WIRmachenDRUCK GmbH, Backnang

Printed in Germany

Inhaltsverzeichnis

A. Vorwort und Einleitung

Die Auftragsverarbeitung umfasst eine ganze Bandbreite unterschiedlicher wirtschaftlicher Konstellationen, die alle denselben einheitlichen Regeln der DSGVO unterfallen. Die datenschutzrechtlichen Regeln für die Auftragsverarbeitung sind daher von erheblicher praktischer Bedeutung.

Die rechtlichen Voraussetzungen einer Auftragsverarbeitung werden in Artikel 4 Nr. 8 DSGVO festgelegt. In Artikel 28 DSGVO finden sich Vorgaben zur Ausgestaltung des Auftragsverarbeitungsverhältnisses, und in Artikel 29 DSGVO wird die Weisungsgebundenheit des Auftragsverarbeiters zusätzlich gesetzlich fixiert. Diese drei wesentlichen Vorschriften der Auftragsverarbeitung werden in diesem Kommentar umfassend gewürdigt.

Abgerundet wird der Kommentar mit einem Kapitel zur praktischen Umsetzung und Einhaltung der DSGVO-Vorgaben bezüglich der Auftragsverarbeitung. Dort befinden sich drei Checklisten: Eine Checkliste für die Auswahl des richtigen Auftragsverarbeiters, eine zur Auswahl des richtigen Auftragsverarbeitungsvertrags sowie eine Checkliste zur Überprüfung eines fremden Auftragsverarbeitungsvertrags. Außerdem enthält dieses Kapitel verschiedene (teils kommentierte) Muster für Auftragsverarbeitungsverträge.

Mein Dank gilt Rudi Kramer, der vor einigen Jahren einmal die Ursprungsversion der Kommentierung erstellt hat, die Grundlage und Inspiration für diesen Kommentar war. Daneben danke ich Max Harttrumpf und Julian Pusch, ohne die die Erstellung dieses Kommentars nicht möglich gewesen wäre.

Feedback ist jederzeit herzlich willkommen!

Berlin, März 2025 Paul Voigt

B. Kommentierung zu Art. 4 Nr. 8

I. Gesetzestext

Artikel 4 1
Begriffsbestimmungen

Im Sinne dieser Verordnung bezeichnet der Ausdruck:

8. "Auftragsverarbeiter" eine natürliche oder juristische Person, Behörde, Einrichtung oder andere Stelle, die personenbezogene Daten im Auftrag des Verantwortlichen verarbeitet;

II. Bedeutung der Norm

Die Norm definiert den Begriff des Auftragsverarbeiters und somit einen der Normadressaten der DSGVO. Sie ist heranzuziehen, wenn bestimmt werden muss, an wen sich die Vorgaben der DSGVO richten. 2

III. Hinweise für den Anwender

Für die Auslegung der Norm relevante Erwägungsgründe: 3

– Zu dieser Begriffsbestimmung lassen sich keine spezifischen EG zuordnen.

Für die Norm relevante Definitionen: 4

– Die Definition des Auftragsverarbeiters entspricht der früheren Definition in Art. 2 lit. e RL 95/46.

IV. Allgemeines

5 Mit dieser Definition wird der Normadressat bestimmt, der personenbezogene Daten im Auftrag des Verantwortlichen verarbeitet. Er ist damit also gerade nicht Verantwortlicher im Sinne der DSGVO. Gleichzeitig wird der Auftragsverarbeiter aber im Vergleich zur RL 95/46 EG und zum BDSG a.F. stärker in die Verantwortung genommen. Er haftet bei materiellen oder immateriellen Schäden gegenüber dem Betroffenen (Art. 82), hat eigenständige Pflichten in Bezug auf die Sicherheit der Verarbeitung (Art. 32) und kann Adressat von Anordnungen der Aufsichtsbehörden gem. Art. 58 sowie von Bußgeldern sein (vgl. z.B. Art. 83 Abs. 3, 4 lit. a).

1. Regelungszweck

6 Die Definition grenzt den Auftragsverarbeiter vom in Art. 4 Nr. 7 definierten „Verantwortlichen" ab. Ihr Zweck ist es, den Akteuren unterschiedliche Rollen im Rahmen der Verarbeitung zuzuweisen.

2. Normadressaten

7 Die Norm hat keinen direkten Normadressaten. Als Definition ist sie vielmehr für jeden Rechtsanwender von Bedeutung. Sie ist in der Gesamtschau mit den an den Auftragsverarbeitern gerichteten Normen zu lesen und bestimmt insoweit deren Anwendungsbereich.

3. Systematik

8 Der Auftragsverarbeiter gehört zu den in Art. 4 definierten Normadressaten der DSGVO. In der unmittelbaren Umgebung zur Definition des Auftragsverarbeiters finden sich in Art. 4 der Verantwortliche (Nr. 7), der Empfänger (Nr. 9) und der Dritte (Nr. 10). Die weiteren von der Norm umfassten Rollen bei der Begriffsbestimmung wie Vertreter (Nr. 17), Aufsichtsbehörde (Nr. 21) oder betroffene Aufsichtsbehörde (Nr. 22) werden eher unsystematisch aufgelistet. Aus der Systematik

in der Auflistung der Begriffsbestimmungen ergeben sich keine besonderen Hinweise für die Auslegung.

4. Entstehungsgeschichte

a) Bisherige europäische Vorgaben

Die Begriffsbestimmung des Auftragsverarbeiters ist bereits in der RL 95/46 EG festgelegt. Der dortige Wortlaut unterscheidet sich nicht von der Begriffsbestimmung in der DSGVO. 9

10

DS-RL 95/46 – Englisch	***DSGVO – Englisch***	***DS-RL 95/46 – Deutsch***	***DSGVO – Deutsch***
Art. 2 lit e 'processor' shall mean a natural or legal person, public authority, agency or any other body which processes personal data on behalf of the controller;	Art. 4 Nr. 8 'processor' means a natural or legal person, public authority, agency or other body which processes personal data on behalf of the controller;	Art. 2 lit e „Auftragsverarbeiter" die natürliche oder juristische Person, Behörde, Einrichtung oder jede andere Stelle, die personenbezogene Daten im Auftrag des für die Verarbeitung Verantwortlichen verarbeitet;	Art. 4 Nr. 8 „Auftragsverarbeiter" eine natürliche oder juristische Person, Behörde, Einrichtung oder andere Stelle, die personenbezogene Daten im Auftrag des Verantwortlichen verarbeitet;

Daher kann die bisherige Auslegung des Begriffs des Auftragsverarbeiters durch die ehemalige Art. 29-Datenschutzgruppe in deren Working Paper 169 herangezogen werden.[1] Obwohl die Art. 29-Datenschutzgruppe inzwischen durch den Europäischen Datenschutzausschuss (EDSA) abgelöst worden ist, der eigene Leitlinien zu den Begriffen des Verantwortlichen und des Auftragsverarbeiters nach neuer 11

1 *Art. 29-Datenschutzgruppe*, WP 169, Stellungnahme 1/2010 zu den Begriffen „für die Verarbeitung Verantwortlicher" und „Auftragsverarbeiter", angenommen am 16. Februar 2010; abrufbar unter https://ec.europa.eu/justice/article-29/documentation/opinion-recommendation/files/2010/wp169_de.pdf (abgerufen am 26.02.2025).

Rechtslage veröffentlicht hat[2], lebt das von der Art. 29-Datenschutzgruppe entwickelte Begriffsverständnis grundsätzlich fort.

b) Bisherige nationale Vorgaben

12 Das BDSG a. F. enthielt keine eigenständige Definition des Begriffs des Auftragsverarbeiters. Allerdings setzte § 11 BDSG a. F. den Auftragsverarbeiter voraus. Nach § 11 Abs. 1 BDSG a. F. blieb der Auftraggeber für die Einhaltung des Datenschutzes verantwortlich, wenn die personenbezogenen Daten durch andere Stellen „im Auftrag" erhoben, verarbeitet oder genutzt wurden. § 11 Abs. 2 BDSG a. F. schrieb dann vor, dass ein solcher Auftrag schriftlich zu erteilen war.

13 Ferner gab § 3 Abs. 8 Satz 3 BDSG a. F. vor, dass Stellen, die personenbezogene Daten im Auftrag erheben, verarbeiten oder nutzen, dann nicht „Dritte" waren, wenn dies innerhalb der Europäischen Union oder des Europäischen Wirtschaftsraumes geschah. Da im deutschen Recht der Begriff der „Übermittlung" als das Bekanntgeben von personenbezogenen Daten an einen „Dritten" definiert wurde (vgl. § 3 Abs. 4 Nr. 3 BDSG a. F.), ging die herrschende Meinung früher davon aus, dass bei Auftragsverarbeitern innerhalb der EU/des EWR keine „Übermittlung" vorlag und somit keine weitere Rechtsgrundlage für diesen Verarbeitungsvorgang erforderlich war.[3]

V. Inhalt der Regelung

1. „Privilegierungswirkung" auch unter der DSGVO?

14 Bei der Anwendung des BDSG a. F. ging man überwiegend davon aus, dass die Weitergabe der personenbezogenen Daten an den Auftragneh-

2 *EDSA*, Leitlinien 07/2020 zu den Begriffen „Verantwortlicher" und „Auftragsverarbeiter" in der DSGVO, Version 2.0, Stand: 07.07.2021, https://www.edpb.europa.eu/system/files/2023-10/edpb_guidelines_202007_controllerprocessor_final_de.pdf (abgerufen am 11.02.2025).

3 Zur Auftragsverarbeitung mit Drittland-Auftragsverarbeitern unter dem BDSG a. F. siehe *Weber/Voigt*, ZD 2011, 74.

mer einer Auftragsverarbeitung keines eigenen Erlaubnistatbestandes bedürfe.

Begründet wurde diese Ansicht mit einem Umkehrschluss zu der Definition des „Dritten" in § 3 Abs. 8 S. 3 BDSG a. F.: *„Dritte sind nicht der Betroffene sowie Personen und Stellen, die im Inland, in einem anderen Mitgliedstaat der Europäischen Union oder in einem anderen Vertragsstaat des Abkommens über den Europäischen Wirtschaftsraum personenbezogene Daten im Auftrag erheben, verarbeiten oder nutzen."* Des Weiteren konnte diese Meinung durch die Definition des „Übermittelns" in § 3 Abs. 4 Nr. 3 BDSG a. F. gestützt werden. Nach § 3 Abs. 4 Nr. 3 BDSG a. F. war Übermitteln das Bekanntgeben gespeicherter oder durch Datenverarbeitung gewonnener personenbezogener Daten an einen Dritten in der Weise, dass a) die Daten an den Dritten weitergegeben wurden oder b) der Dritte zur Einsicht oder zum Abruf bereitgehaltene Daten einsah oder abrief. Aus dem Zusammenspiel dieser beiden Definitionen konnte abgeleitet werden, dass die Beauftragung eines Auftragsdatenverarbeiters keine Übermittlung an einen Dritten sei und somit keines weiteren Erlaubnistatbestandes bedürfe.[4] In der Literatur wurde insoweit von der „Privilegierung der Auftragsdatenverarbeitung" gesprochen.[5] **15**

Nach Art. 4 Nr. 10 ist der Auftragsverarbeiter ebenfalls nicht „Dritter". Dagegen ist der Begriff des „Übermittelns" nicht mehr gesondert definiert, sondern findet sich als ein Beispiel der „Verarbeitung" in Art. 4 Nr. 2 wieder. Aus diesem Grund ist teilweise problematisiert worden, ob die Übermittlung von personenbezogenen Daten nunmehr (auch innerhalb der EU/des EWR) einer gesonderten Rechtsgrundlage bedürfe.[6] Es handelt sich offenbar um eine sehr vom deutschen Recht geprägte Diskussion; andere Mitgliedstaaten kennen die Problematik nicht.[7] Auch der EDSA geht davon aus, dass die Rechtmäßigkeit der Verarbeitung gemäß Art. 6 sowie ggf. Art. 9 DSGVO aus der Tätigkeit des Verantwortlichen abgeleitet werde.[8] Dies kann man damit be- **16**

4 *Gola/Schomerus*, § 3 Rn. 34, BeckOK Datenschutzrecht/*Schild*, 23. Edition 1.2.2018, § 3 Rn 135; Auernhammer/*Thomale* 5. Auflage 2017, § 11 Rn. 25.
5 *Eckhardt/Kramer* DuD 2013, 287, 291; kritisch: *Petri* ZD 2015, 305, 306.
6 *Piltz,* Post vom 10.05.2016; *Koós/Englisch*, ZD 2014, 276, 284.
7 So auch Ehmann/Selmayr/*Bertermann/Peintinger*, Art. 28 Rn. 8.
8 *EDSA*, Leitlinien 07/2020, Version 2.0, Rn. 80.

gründen, dass die Einbindung des Dienstleisters kein eigenständiger Akt der Datenverarbeitung ist, sondern Teil der Verarbeitungshandlungen des Auftraggebers (des Verantwortlichen) gem. Art. 4 Nr. 2.[9] Ist die Verarbeitung der Daten durch den Verantwortlichen nach Art. 6 Abs. 1 rechtmäßig, erstreckt sich diese Rechtmäßigkeit auch auf den Auftragsverarbeiter nach Maßgabe der Art. 28 und 29.[10] Der Auftragsverarbeiter steht im Lager des Verantwortlichen, ist mithin sein „verlängerter Arm“[11]. Dafür spricht auch, dass der Auftragsverarbeiter keine Entscheidungshoheit über Mittel und Zwecke der Verarbeitung hat und nur strikt weisungsgebunden verarbeiten kann (vgl. Art. 29).[12] Allerdings bleibt der Auftragsverarbeiter nach Ansicht des EDSA auch dann Auftragsverarbeiter, wenn er zwar Einfluss auf die Gestaltungsspielräume in der Umsetzung hat, aber dem Auftraggeber ein ausreichendes Maß an rechtlicher und/oder tatsächlicher Kontrolle auf die endgültige Entscheidung zusteht, wie personenbezogene Daten verarbeitet werden.[13] Im Ergebnis gehen auch die deutschen Aufsichtsbehörden davon aus, dass die Weitergabe personenbezogener Daten an den Auftragsverarbeiter sowie die anschließende Datenverarbeitung durch diesen keiner weiteren Rechtsgrundlage bedürfen.[14] Dies entspricht zudem der ganz herrschenden Auffassung in der Literatur.[15]

---

9 *Härting*, ITRB 2016, 137, 139.

10 *Härting*, ITRB 2016, 137, 139.

11 Paal/Pauly/*Martini*, Art. 28 Rn. 2.

12 *Gola*/Heckmann, Art. 4 Rn. 87.

13 *EDSA*, Leitlinien 07/2020, Version 2.0, Rn. 83 f.

14 *DSK*, Kurzpapier Nr. 13, S. 2; *BayLfD*, Orientierungshilfe Auftragsverarbeitung, S. 7; für eine ausführliche Übersicht über den Meinungsstand siehe *Voigt*, Die räumliche Anwendbarkeit der EU Datenschutz-Grundverordnung auf Auftragsverarbeiter im Drittland, S. 13 ff.

15 Kühling/Buchner/*Hartung*, Art. 28 Rn. 15 ff.; Paal/Pauly/*Martini*, Art. 28 Rn. 8a; Ehmann/Selmayr/*Bertermann/Peintinger*, Art. 28 Rn. 7; Taeger/Gabel/*Gabel/Lutz*, Art. 28 Rn. 11 m. w. N.; *von dem Bussche/Voigt*, Konzerndatenschutz, S. 196 ff.

Es besteht demgegenüber auch kein besonderer Schutzbedarf der betroffenen Personen.[16] Auch der Erlaubnisvorbehalt nach Art. 6 Abs. 1 bezieht sich nur auf die Weitergabe an Dritte.[17] **17**

Würde man dagegen eine eigenständige Rechtsgrundlage für die Übermittlung an den Auftragsverarbeiter fordern, wäre eine Verarbeitung besonderer Kategorien personenbezogener Daten nach Art. 9 im Regelfall nicht möglich bzw. sie würde die ausdrückliche Einwilligung der betroffenen Person gem. Art 9 Abs. 2 lit. a erfordern. Für diese Fälle wäre ein Rückgriff auf Art. 6 Abs. 1 lit. f nicht möglich. **18**

2. „im Auftrag"

Ein wesentliches Tatbestandsmerkmal für die Einstufung als Auftragsverarbeiter ist die Verarbeitung „im Auftrag". Sie ist also abhängig von einer nachvollziehbaren Beauftragung durch einen Verantwortlichen (= Auftraggeber). Der Inhalt der Beauftragung ergibt sich aus Art. 28. Insbesondere müssen sich aus der Beauftragung die Art und der Zweck der Verarbeitung ergeben. Zentrales Element der Auftragsverarbeitung ist die Weisungsabhängigkeit des Auftragsverarbeiters (vgl. Art. 28 Abs. 3 lit. a und 10 sowie Art. 29). Die Initiative zur Verarbeitung geht vom Auftraggeber aus, der auch die Vorgaben für die Beendigung vorgibt (Art. 28 Abs. 3 lit. g). Die Aufsichtsbehörden konkretisieren den „Auftrag" so, dass der Verantwortliche über die Zwecke und wesentlichen Mittel der Verarbeitung entscheidet.[18] Für die Auswahl unwesentlicher Mittel, d. h. der konkreten technischen und organisatorischen Umsetzung der Weisungen, kann auch dem Auftragsverarbeiter ein Ermessen zukommen.[19] **19**

Die Abgrenzung zu anderen Dienstleistungen, die durch einen Auftragnehmer erbracht werden, jedoch keine Auftragsverarbeitung sind, **20**

---

16 *Schmitz/von Dall 'Armi*, ZD 2016, 427, 429; *Gola*/Heckmann, Art. 4 Rn. 90; Simitis/Hornung/Spiecker gen. Döhmann/*Petri*, Art. 28 Rn. 11; *Härting*, ITRB 2016, 137, 139.

17 *Albrecht/Jotzo*, S. 97; *Eckhardt*, CCZ, 2017, 111, 113; *Gola*, K&R, 2017, 145, 148 f.

18 *EDSA*, Leitlinien 07/2020, Rn. 80.

19 *EDSA*, Leitlinien 07/2020, Rn. 80.

ist zum Teil umstritten. Besonders hat sich diese Diskussion zu Dienstleistungen einiger freier Berufe herausgeprägt.

a) Kriterien zur Abgrenzung von Verantwortlichkeit und Auftragsverarbeitung

21 Die Abgrenzung zwischen Verantwortlichkeit und Auftragsverarbeitung hat stets anhand der konkreten Umstände des Einzelfalls zu erfolgen, wobei eine detaillierte Analyse der einzelnen Verarbeitungsvorgänge und Datenflüsse erforderlich sein kann. Für eine erste grobe Einordnung der datenschutzrechtlichen Rollenverteilung können die folgenden Fragen[20] herangezogen werden, wobei die Bejahung einer oder mehrerer Fragen das Vorliegen einer Auftragsverarbeitung nahelegt. Anknüpfungspunkte sind hierbei die Befugnisse des Auftragnehmers (Abgrenzungsfragen 1 bis 3), die Wahrnehmung datenschutzrechtlicher Pflichten (Abgrenzungsfrage 4) sowie das Vorliegen vertraglicher Beziehungen zwischen Auftragnehmer und Betroffenen (Abgrenzungsfrage 5).

(1) Abgrenzungsfrage 1: Handelt der Auftragnehmer ausschließlich nach den Weisungen des Auftraggebers?

22 Gemäß Art. 29 darf ein Auftragsverarbeiter die ihm übermittelten Daten ausschließlich auf Weisung des Auftraggebers verarbeiten. Ist zwischen den Beteiligten eine solche Weisungsgebundenheit vereinbart, spricht dies für das Vorliegen eines Auftragsverarbeitungsverhältnisses. Gleichwohl ist es nicht vonnöten, dass dem Auftragnehmer aufgrund seiner Weisungsgebundenheit vollends die Hände gebunden sind. Vielmehr kann ihm die Befugnis eingeräumt sein, über technische und organisatorische Mittel der Verarbeitung zu entscheiden, solange dem Auftraggeber ein Interventionsrecht zusteht, das ihm faktisch die endgültige Entscheidung über die Mittel der Datenverarbeitung ermöglichen würde.

---

20 Angelehnt an *von dem Bussche/Voigt*, Konzerndatenschutz, S. 201 ff. m. w. N.; eine Aufzählung verschiedener Kriterien zur Abgrenzung von Verantwortlichem und Auftragsverarbeiter liefert auch der *BayLfD*, Orientierungshilfe Auftragsverarbeitung, S. 12 f.

(2) Abgrenzungsfrage 2: Ist es dem Auftragnehmer untersagt, die übermittelten Daten mit eigenen Datenbeständen zusammenzuführen?

Da eine Zusammenführung von Datenbeständen dem aus dem Zweck- 23
bindungsgrundsatz (Art. 5 Abs. 1 lit. b) ableitbaren Prinzip der Datentrennung widerspricht und folglich den Kern der Rechtmäßigkeit der Datenverarbeitung tangiert, ist sie allein dem Verantwortlichen vorbehalten. Ist dem Auftragnehmer demgegenüber eine Zusammenführung gestattet, spricht dies für dessen Einordnung als datenschutzrechtlich Verantwortlichen.

(3) Abgrenzungsfrage 3: Darf der Auftragnehmer die Daten ausschließlich zu den vom Auftraggeber vorgegebenen Zwecken nutzen?

Während die Entscheidung über die Mittel der Verarbeitung im Rah- 24
men eines dem Auftraggeber zustehenden Weisungsrechts an den Auftragnehmer als Auftragsverarbeiter delegiert werden kann (s. Art. 4 Nr. 8 Rn. 16), ist die Entscheidung über die Zwecke der Datenverarbeitung allein und ausnahmslos dem Verantwortlichen vorbehalten. Entscheidet der Auftragnehmer mithin selbst über die Verarbeitungszwecke, ist er nicht Auftragsverarbeiter, sondern (ggf. gemeinsam) Verantwortlicher.

(4) Abgrenzungsfrage 4: Obliegt die Sicherstellung der Rechtmäßigkeit der Datenverarbeitung im Wesentlichen dem Auftraggeber?

Im Rahmen eines Auftragsverarbeitungsverhältnisses ist die Sicher- 25
stellung der Rechtmäßigkeit der Datenverarbeitung Sache des Auftraggebers. Sofern der Auftragnehmer demgegenüber selbst beispielsweise separate Einwilligungen einholt, spricht dies gegen das Vorliegen einer Auftragsverarbeitung.

(5) Abgrenzungsfrage 5: Fehlt es zwischen dem Auftragnehmer und den Betroffenen an einer direkten Vertragsbeziehung und tritt somit lediglich der Auftraggeber im eigenen Namen gegenüber den Betroffenen auf?

26 Das Fehlen einer eigenständigen rechtlichen Beziehung zwischen Auftragnehmer und Betroffenem deutet auf eine Auftragsverarbeitung hin, wohingegen das Vorliegen einer eigenen Vertragsbeziehung für eine Verantwortlichkeit des Auftragnehmers spricht. Den vertraglichen Verhältnissen kommt insofern jedoch lediglich indizielle Bedeutung zu, da für die datenschutzrechtliche Rollenverteilung letztlich die tatsächlichen und nicht die rechtlichen Umstände maßgebend sind. Sofern der Auftragnehmer im Verhältnis zu den Betroffenen nicht selbst oder lediglich im Namen des Auftraggebers auftritt, liegt ebenfalls die Annahme eines Auftragsverarbeitungsverhältnisses nahe.

b) Fallgruppen

27 In der aufsichtsbehördlichen Praxis haben sich für die Abgrenzung von Auftragsverarbeitung und Verantwortlichkeit inzwischen relativ feststehende Fallgruppen herausgebildet.

28 Demgemäß sollen u. a. die folgenden Dienstleistungen regelmäßig Auftragsverarbeitungen darstellen:[21]

– die Finanzbuchhaltung durch Rechenzentren,
– das Outsourcing im Rahmen des Cloud-Computings, sofern kein inhaltlicher Zugriff des Cloud-Betreibers erfolgt oder
– Verarbeitungen von Kundendaten durch ein Callcenter ohne wesentliche eigene Entscheidungsspielräume.

29 Eine Auftragsverarbeitung scheide demgegenüber stets dann aus, wenn die Inanspruchnahme fremder Fachleistungen im Vordergrund stehe, deren Kern nicht (zumindest auch) in der Datenverarbeitung bestehe. Dies betrifft etwa:

---

21 Die folgenden Auflistungen basieren auf *BayLDA*, Auslegungshilfe – Was ist Auftragsverarbeitung und was nicht?, S. 1 f.; vgl. dazu auch Art. 28 Rn. 29. Die Positivliste findet sich ebenso bei *LfD Niedersachsen*, FAQ Auftragsverarbeitung, S. 8.

- Steuerberater, Rechtsanwälte, externe Betriebsärzte, Wirtschaftsprüfer sowie sonstige Berufsgeheimnisträger,
- Bankinstitute für Geldtransfers,
- Postdienstleister für den Brief- oder Pakettransport oder
- Insolvenzverwalter.

3. Verarbeiten

Die vertraglich geschuldete Leistung zwischen Auftraggeber (Verantwortlicher) und Auftragnehmer (Auftragsverarbeiter) muss eine Verarbeitung (vgl. Art. 4 Nr. 2) personenbezogener Daten beinhalten. Der Begriff ist denkbar weit, so dass jeder Verarbeitungsschritt erfasst ist. Ausreichend ist bereits eine Auslagerung der Datenerhebung auf den Auftragsverarbeiter (z. B. im Rahmen von Callcentern). Die Anforderungen an eine Auftragsverarbeitung entfallen, wenn gar keine personenbezogenen Daten verarbeitet werden (vgl. Art. 2 Abs. 1). **30**

4. Drittstaaten

Eine Auftragsverarbeitung ist auch mit Dienstleistern möglich, die ihren Sitz außerhalb der EU bzw. des EWR haben. EG 101 S. 3 stellt klar, dass *„das durch diese Verordnung unionsweit gewährleistete Schutzniveau für natürliche Personen jedoch bei der Übermittlung personenbezogener Daten aus der Union an Verantwortliche, Auftragsverarbeiter oder andere Empfänger in Drittländern oder an internationale Organisationen nicht untergraben werden sollte, und zwar auch dann nicht, wenn aus einem Drittland oder von einer internationalen Organisation personenbezogene Daten an Verantwortliche oder Auftragsverarbeiter in demselben oder einem anderen Drittland oder an dieselbe oder eine andere internationale Organisation weiterübermittelt werden."* **31**

Auch besondere Kategorien personenbezogener Daten können durch Auftragsverarbeiter in Drittländern verarbeitet werden, sofern die Vorgaben für eine Auslandsübermittlung gem. Art. 44 ff. eingehalten **32** sind.[22] Hat der Auftraggeber bspw. mit dem im Drittland verarbeitenden Auftragnehmer die von der EU-Kommission vorgegebenen Standardvertragsklauseln nach Art. 46 Abs. 2 lit. c und d abgeschlossen, ist die Übermittlung grundsätzlich zulässig.[23]

33 Sonderfragen stellen sich daneben bei der räumlichen Anwendung der DSGVO auf Auftragsverarbeiter in Drittländern ohne Niederlassung in der EU.[24] Auftragsverarbeiter sind gem. Art. 3 Abs. 2 DSGVO in gleicher Weise vom Marktortprinzip erfasst wie Verantwortliche. Die Regelungen des Art. 3 Abs. 2 DSGVO passen jedoch eher auf Verantwortliche als auf Auftragsverarbeiter.[25] Maßgeblich für die Anwendung der DSGVO soll demnach sein, ob die Datenverarbeitung im Zusammenhang damit steht, dass

- entweder betroffenen Personen innerhalb der EU Waren oder Dienstleistungen angeboten werden oder
- das Verhalten betroffener Personen in der EU beobachtet wird.

34 Wer personenbezogene Daten verarbeitet, um eigene Waren oder Dienstleistungen anzubieten, legt damit den Verarbeitungszweck selbst fest und wird dementsprechend regelmäßig nicht mehr Auftragsverarbeiter sein, so dass die erste Alternative regelmäßig nicht einschlägig ist.[26] Daneben werden die Dienste von Auftragsverarbeitern meist gegenüber Unternehmen angeboten, nicht gegenüber betroffenen Personen.[27] Auch das „Beobachten" wird von Auftragsverarbeitern nur im Auftrag ausgeführt, so dass sich auch bei der zweiten

---

22 So auch *Schmid/Kahl*, ZD 2017, 54, 56 ff.

23 Siehe aber zu den sich aus der EuGH-Entscheidung vom 16.07.2020, Rs. C-311/18 – Schrems II gegebenenfalls neben den Standardvertragsklauseln zu ergreifenden zusätzlichen Schutzmaßnahmen *EDSA*, Empfehlungen 01/2020 zu Maßnahmen zur Ergänzung von Übermittlungstools zur Gewährleistung des unionsrechtlichen Schutzniveaus für personenbezogene Daten, Version 2.0, Stand: 18.06.2021, https://www.edpb.europa.eu/system/files/2022-04/edpb_recommendations_202001vo.2.0_supplementarymeasurestransferstools_de.pdf, sowie *Jungkind/Raspé/Schramm*, NZG 2020, 1056, 1057 ff.; *Voigt*, CR 2020, 513, 515 f. sowie zu den neuen Standardvertragsklauseln *Voigt*, CR 2021, 458.

24 Vgl. *Voigt*, CR 2021, 307.

25 *Voigt*, Die räumliche Anwendbarkeit der EU Datenschutz-Grundverordnung auf Auftragsverarbeiter im Drittland, S. 5.

26 *Voigt*, a. a. O., S. 117 f.

27 *Voigt*, a. a. O., S. 116 f.

Alternative des Marktortprinzips die Frage stellt, ob sie für Auftragsverarbeiter wirklich passt.[28]

Der EDSA stellt daher für die Anwendung der DSGVO auf den Drittland-Auftragsverarbeiter darauf ab, ob die Verarbeitung, die der Auftragsverarbeiter durchführt, im Zusammenhang mit einem Warenangebot oder mit einer Beobachtung durch den Verantwortlichen steht. Da beide Zwecke nur durch den Verantwortlichen festgelegt werden könnten, müsse dessen Zweckbestimmung für den räumlichen Anwendungsbereich der DSGVO für Drittland-Auftragsverarbeiter maßgeblich sein.[29] **35**

---

28 *Voigt*, a. a. O., S. 121 f.

29 Vgl. *EDSA*, Leitlinien 3/2018, Version 2.0 12.11.2019, S. 24; zu den sich aus dieser Auslegung ergebenden Problemen siehe *Voigt*, Die räumliche Anwendbarkeit der EU Datenschutz-Grundverordnung auf Auftragsverarbeiter im Drittland, S. 147 ff.

C. Kommentierung zu Artikel 28

I. Gesetzestext

Artikel 28 1
Auftragsverarbeiter

(1) Erfolgt eine Verarbeitung im Auftrag eines Verantwortlichen, so arbeitet dieser nur mit Auftragsverarbeitern, die hinreichend Garantien dafür bieten, dass geeignete technische und organisatorische Maßnahmen so durchgeführt werden, dass die Verarbeitung im Einklang mit den Anforderungen dieser Verordnung erfolgt und den Schutz der Rechte der betroffenen Person gewährleistet.

(2) Der Auftragsverarbeiter nimmt keinen weiteren Auftragsverarbeiter ohne vorherige gesonderte oder allgemeine schriftliche Genehmigung des Verantwortlichen in Anspruch. Im Fall einer allgemeinen schriftlichen Genehmigung informiert der Auftragsverarbeiter den Verantwortlichen immer über jede beabsichtigte Änderung in Bezug auf die Hinzuziehung oder die Ersetzung anderer Auftragsverarbeiter, wodurch der Verantwortliche die Möglichkeit erhält, gegen derartige Änderungen Einspruch zu erheben.

(3) Die Verarbeitung durch einen Auftragsverarbeiter erfolgt auf der Grundlage eines Vertrags oder eines anderen Rechtsinstruments nach dem Unionsrecht oder dem Recht der Mitgliedstaaten, der bzw. das den Auftragsverarbeiter in Bezug auf den Verantwortlichen bindet und in dem Gegenstand und Dauer der Verarbeitung, Art und Zweck der Verarbeitung, die Art der personenbezogenen Daten, die Kategorien betroffener Personen und die Pflichten und Rechte des Verantwortlichen festgelegt sind. Dieser Vertrag bzw. dieses andere Rechtsinstrument sieht insbesondere vor, dass der Auftragsverarbeiter

a) die personenbezogenen Daten nur auf dokumentierte Weisung des Verantwortlichen – auch in Bezug auf die Übermittlung personenbezogener Daten an ein Drittland

oder eine internationale Organisation – verarbeitet, sofern er nicht durch das Recht der Union oder der Mitgliedstaaten, dem der Auftragsverarbeiter unterliegt, hierzu verpflichtet ist; in einem solchen Fall teilt der Auftragsverarbeiter dem Verantwortlichen diese rechtlichen Anforderungen vor der Verarbeitung mit, sofern das betreffende Recht eine solche Mitteilung nicht wegen eines wichtigen öffentlichen Interesses verbietet;

b) **gewährleistet, dass sich die zur Verarbeitung der personenbezogenen Daten befugten Personen zur Vertraulichkeit verpflichtet haben oder einer angemessenen gesetzlichen Verschwiegenheitspflicht unterliegen;**

c) **alle gemäß Artikel 32 erforderlichen Maßnahmen ergreift;**

d) **die in den Absätzen 2 und 4 genannten Bedingungen für die Inanspruchnahme der Dienste eines weiteren Auftragsverarbeiters einhält;**

e) **angesichts der Art der Verarbeitung den Verantwortlichen nach Möglichkeit mit geeigneten technischen und organisatorischen Maßnahmen dabei unterstützt, seiner Pflicht zur Beantwortung von Anträgen auf Wahrnehmung der in Kapitel III genannten Rechte der betroffenen Person nachzukommen;**

f) **unter Berücksichtigung der Art der Verarbeitung und der ihm zur Verfügung stehenden Informationen den Verantwortlichen bei der Einhaltung der in den Artikeln 32 bis 36 genannten Pflichten unterstützt;**

g) **nach Abschluss der Erbringung der Verarbeitungsleistungen alle personenbezogenen Daten nach Wahl des Verantwortlichen entweder löscht oder zurückgibt und die vorhandenen Kopien löscht, sofern nicht nach dem Unionsrecht oder dem Recht der Mitgliedstaaten eine Verpflichtung zur Speicherung der personenbezogenen Daten besteht;**

h) **dem Verantwortlichen alle erforderlichen Informationen zum Nachweis der Einhaltung der in diesem Artikel niedergelegten Pflichten zur Verfügung stellt und Überprüfungen – einschließlich Inspektionen –, die vom Verantwortlichen oder einem anderen von diesem beauftragten Prüfer durchgeführt werden, ermöglicht und dazu beiträgt.**

Mit Blick auf Unterabsatz 1 Buchstabe h informiert der Auftragsverarbeiter den Verantwortlichen unverzüglich, falls er der Auffassung ist, dass eine Weisung gegen diese Verordnung oder gegen andere Datenschutzbestimmungen der Union oder der Mitgliedstaaten verstößt.

(4) **Nimmt der Auftragsverarbeiter die Dienste eines weiteren Auftragsverarbeiters in Anspruch, um bestimmte Verarbeitungstätigkeiten im Namen des Verantwortlichen auszuführen, so werden diesem weiteren Auftragsverarbeiter im Wege eines Vertrags oder eines anderen Rechtsinstruments nach dem Unionsrecht oder dem Recht des betreffenden Mitgliedstaats dieselben Datenschutzpflichten auferlegt, die in dem Vertrag oder anderen Rechtsinstrument zwischen dem Verantwortlichen und dem Auftragsverarbeiter gemäß Absatz 3 festgelegt sind, wobei insbesondere hinreichende Garantien dafür geboten werden muss, dass die geeigneten technischen und organisatorischen Maßnahmen so durchgeführt werden, dass die Verarbeitung entsprechend den Anforderungen dieser Verordnung erfolgt. Kommt der weitere Auftragsverarbeiter seinen Datenschutzpflichten nicht nach, so haftet der erste Auftragsverarbeiter gegenüber dem Verantwortlichen für die Einhaltung der Pflichten jenes anderen Auftragsverarbeiters.**

(5) **Die Einhaltung genehmigter Verhaltensregeln gemäß Artikel 40 oder eines genehmigten Zertifizierungsverfahrens gemäß Artikel 42 durch einen Auftragsverarbeiter kann als Faktor herangezogen werden, um hinreichende Garantien im Sinne der Absätze 1 und 4 des vorliegenden Artikels nachzuweisen.**

(6) Unbeschadet eines individuellen Vertrags zwischen dem Verantwortlichen und dem Auftragsverarbeiter kann der Vertrag oder das andere Rechtsinstrument im Sinne der Absätze 3 und 4 des vorliegenden Artikels ganz oder teilweise auf den in den Absätzen 7 und 8 des vorliegenden Artikels genannten Standardvertragsklauseln beruhen, auch wenn diese Bestandteil einer dem Verantwortlichen oder dem Auftragsverarbeiter gemäß den Artikeln 42 und 43 erteilten Zertifizierung sind.

(7) Die Kommission kann im Einklang mit dem Prüfverfahren gemäß Artikel 93 Absatz 2 Standardvertragsklauseln zur Regelung der in den Absätzen 3 und 4 des vorliegenden Artikels genannten Fragen festlegen.

(8) Eine Aufsichtsbehörde kann im Einklang mit dem Kohärenzverfahren gemäß Artikel 63 Standardvertragsklauseln zur Regelung der in den Absätzen 3 und 4 des vorliegenden Artikels genannten Fragen festlegen.

(9) Der Vertrag oder das andere Rechtsinstrument im Sinne der Absätze 3 und 4 ist schriftlich abzufassen, was auch in einem elektronischen Format erfolgen kann.

(10) Unbeschadet der Artikel 82, 83 und 84 gilt ein Auftragsverarbeiter, der unter Verstoß gegen diese Verordnung die Zwecke und Mittel der Verarbeitung bestimmt, in Bezug auf diese Verarbeitung als Verantwortlicher.

II. Bedeutung der Norm

2 Die Norm regelt die Anforderungen an die Einbindung eines Dienstleisters zur Verarbeitung personenbezogener Daten, der weisungsabhängig im Auftrag des Verantwortlichen tätig wird. Daneben benennt sie die konkreten Pflichten des Verantwortlichen und des von ihm beauftragten Auftragsverarbeiters. Sie bildet somit die zentrale Grundlage für die Sicherstellung, dass der Verantwortliche trotz Einschaltung eines weiteren Unternehmens seiner Verantwortlichkeit zum regelkonformen Umgang mit personenbezogenen Daten gerecht werden kann. Die Bedeutung der Auftragsverarbeitung hat in den letz-

ten Jahren zugenommen, weil immer mehr interne Prozesse wie Personalverwaltung oder Archivierung ausgelagert werden und die dabei verwendete Technik komplexere Anforderungen an die rechtliche Gestaltung stellt. Die Norm ist damit „eine der zentralen Vorschriften für den Schutz personenbezogener Daten in einer arbeitsteilig arbeitenden Wirtschaft“.[30]

III. Hinweise für den Anwender

Für die Norm relevante Definitionen: **3**

- Definition des „Auftragsverarbeiters“ in Art. 4 Nr. 8 und des „Dritten“ in Art. 4 Nr. 10;
- Definition des „Empfängers“ in Art. 4 Nr. 9;
- Geldbuße bei Verstoß gegen die Vorgaben zur Auftragsverarbeitung gem. Art. 83 Abs. 4 lit. a.

Für die Auslegung der Norm relevante Erwägungsgründe: **4**

- Für die Auslegung der Norm sind einige Erwägungsgründe relevant, in denen der Auftragsverarbeiter zusammen mit dem Verantwortlichen erwähnt wird. Dabei sind insb. die Erwägungsgründe 36 Satz 5-7, 80, 81, 95, 101, 146 bedeutsam.

Systematische Einordnung der Norm innerhalb der DSGVO: **5**

- Die Norm regelt die Einbindung eines weisungsgebundenen Dienstleisters in den Verarbeitungsprozess. Sofern unklar ist, ob der Dienstleister streng weisungsgebunden agiert oder über die Zwecke der Datenverarbeitung (mit-)entscheidet, ist eine Abgrenzung zur gemeinsamen Verantwortlichkeit im Sinne des Art. 26 DSGVO vorzunehmen.

Vorgängernorm im BDSG: **6**

- § 11 BDSG.

Vorgängernormen der RL 95/46: **7**

- Art. 17 Abs. 2 bis 4 RL 95/46.

---

30 Ehmann/Selmayr/*Bertermann/Peintinger*, Art. 28 Rn. 1.

8 Querbezüge zu anderen Normen:

- Die Norm wurde wegen eines redaktionellen Verweisungsfehlers in Abs. 7 durch Berichtigung vom 22.11.2016 korrigiert.[31]
- In der Datenschutz-Richtlinie 2016/680 Polizei und Justiz finden sich die Regelungen zur Auftragsverarbeitung in Art. 22. Diese decken sich in den Kerngedanken mit den Vorgaben in Art. 28. Umgesetzt werden die Vorgaben für die Auftragsverarbeitung für Polizei und Justiz in § 62 BDSG.
- Der deutsche Gesetzgeber hat von der Öffnungsklausel des Art. 90 Gebrauch gemacht und mit § 29 Abs. 3 S. 1 BDSG die Untersuchungsbefugnisse der Aufsichtsbehörden gem. Art. 58 Abs. 1 lit. e und f gegen die in § 203 Abs. 1, 2a und 3 StGB genannten Personen oder deren Auftragsverarbeiter beschränkt, soweit die Inanspruchnahme der Befugnisse zu einem Verstoß dieser Personen gegen ihre Geheimhaltungspflichten führen würde. Da 2017 der Inhalt und die Reihenfolge der Absätze von § 203 StGB verändert wurden, ist § 29 Abs. 3 S. 1 BDSG als statische Verweisung auf § 203 StGB a. F. zu verstehen.[32]
- Andere mitgliedstaatliche Regelungen zur Auftragsverarbeitung sind in der Regel nicht zulässig, da die DSGVO keine allgemeine Öffnungsklausel in Bezug auf Art. 28 enthält. Allerdings können die Mitgliedstaaten aufgrund der Öffnungsklauseln des Art. 28 Abs. 3 lit. a und g sowie Art. 29 Verarbeitungspflichten des Auftragsverarbeiters festlegen, die unabhängig von Weisungen des Verantwortlichen und unabhängig vom Auftragsverhältnis gelten. Von diesen Öffnungsklauseln wird bisher vor allem im Polizeirecht Gebrauch gemacht, z. B. in § 22a Abs. 5 BPolG oder § 10 Abs. 3 bis 5 BKAG.[33]
- Darüber hinaus können die Mitgliedstaaten aufgrund der Öffnungsklausel des Art. 6 Abs. 2 und 3 im öffentlichen Interesse liegende spezifischere Bestimmungen zur Auftragsverarbeitung erlassen.

---

31 Berichtigung vom 22.11.2016, Amtsblatt der Europäischen Union 314/72, http://eur-lex.europa.eu/legal-content/DE/TXT/PDF/?uri=CELEX:32016R0679R(01)&from=EN (abgerufen am 26.02.2025).

32 Kühling/Buchner/*Herbst*, BDSG § 29 Rn. 23; zustimmend Gola/Heckmann/*Lapp*, BDSG § 29 Rn. 31.

33 Simitis/Hornung/Spiecker gen. Döhmann/*Petri*, Art. 28 Rn. 63. Siehe dazu auch Art. 28 Rn. 64 ff.

Dies erfolgte bspw. in § 20a Finanzverwaltungsgesetz und in § 80 SGB X.[34] Im Anwendungsbereich des SGB X müssen Verantwortliche unter anderem ihre Aufsichtsbehörde informieren, bevor sie einen Auftragsverarbeiter zur Verarbeitung von Sozialdaten beauftragen dürfen, und sachliche Gründe müssen die Verarbeitung von Sozialdaten durch einen nicht-öffentlichen Auftragsverarbeiter gebieten.

– Ob die in einigen deutschen Landesdatenschutzgesetzen daneben teilweise vorgesehenen Sonderregelungen zur Auftragsverarbeitung (vgl. § 26 Abs. 3 BlnDSG) europarechtskonform sind, ist zumindest zweifelhaft.

IV. Allgemeines

1. Regelungszweck

Die Vorschrift regelt die Anforderungen an die ordnungsgemäße Einbindung eines oder mehrerer Dienstleister(s). Dem Betroffenen sollen keine Nachteile dadurch entstehen, dass mehrere Unternehmen auf Basis einer Rechtsgrundlage die auf ihn bezogenen Daten verarbeiten. Hierfür enthält die Norm strenge Vorschriften zur Auswahl des Auftragsverarbeiters, detaillierte inhaltliche Vorgaben zur Vertragsgestaltung, stark ausgeprägte Dokumentations- und Nachweispflichten (auch für den Auftragsverarbeiter) sowie Haftungs-, Bußgeld- und Sanktionsregelungen, die sich sowohl an den Verantwortlichen als auch an den Auftragsverarbeiter richten. Die detaillierten Regelungen zur Einbindung eines Dienstleisters sind erforderlich, weil nur durch sie eine **Privilegierung** der Auftragsverarbeitung gegenüber der Übermittlung an einen Dritten auf der Grundlage eines eigenen Erlaubnistatbestandes gerechtfertigt werden kann. Näheres zur Privilegierung siehe Art. 4 Nr. 8 Rn. 14 ff. 9

34 RegE, BT-Drs. 18/12611, S. 73 und 114 f.

2. Normadressaten

10 Die Norm richtet sich sowohl an den Verantwortlichen (Art. 4 Nr. 7) als auch an den Auftragsverarbeiter (Art. 4 Nr. 8). Auch wenn es in Art. 28 nicht explizit erwähnt wird, ist auch der Vertreter (Art. 4 Nr. 17) Normadressat, soweit er den Verantwortlichen oder den Auftragsverarbeiter in Bezug auf die ihnen nach Art. 28 obliegenden Pflichten vertritt.

3. Systematik

11 Die Regelung befindet sich in Kapitel IV der DSGVO, das die Pflichten des Verantwortlichen und des Auftragsverarbeiters zum Gegenstand hat. Während sich die Art. 24 bis 26 nur an den Verantwortlichen richten, betreffen die Art. 27 bis 32 sowie 37 und 44 den Verantwortlichen und den Auftragsverarbeiter. Art. 33 bis 36 beschreiben primär Aufgaben des Verantwortlichen, bei denen ihn der Auftragsverarbeiter unterstützen soll (vgl. Art. 28 Abs. 3 S. 1 lit. f). Eigene Verantwortlichkeiten des Auftragsverarbeiters ergeben sich daneben aus Art. 30 Abs. 2 (Dokumentationspflichten), Art. 28 Abs. 2 (Vorgaben für die Einbindung von weiteren Auftragsverarbeitern), Art. 79 (Recht auf Rechtsbehelf), Art. 82 (Haftung) oder Art. 83 (Geldbußen).

12 Art. 28 umfasst 10 Absätze, die sich wie folgt strukturieren lassen:

1. Absatz:	Auswahlvorgaben bei der Einschaltung eines Dienstleisters
2. Absatz:	Genehmigungserfordernis durch den Verantwortlichen bei Einbindung weiterer Auftragsverarbeiter
3. Absatz:	Zu regelnde vertragliche Vorgaben
4. Absatz:	Vertragliche Anforderungen bei Einbindung weiterer Auftragsverarbeiter
5. Absatz:	Faktoren für hinreichende Garantien durch genehmigte Verhaltensregeln und Zertifizierungen
6. Absatz:	Möglichkeit der Verwendung von Standardvertragsklauseln für die Verarbeitung im Auftrag

7. Absatz:	Standardvertragsklauseln durch die Kommission
8. Absatz:	Standardvertragsklauseln durch eine Aufsichtsbehörde
9. Absatz:	Formvorgaben für die Vereinbarung zur Auftragsvereinbarung
10. Absatz:	Regelung bei Dienstleisterexzess

4. Entstehungsgeschichte

a) Frühere europäische Vorgaben

In Art. 17 RL 95/46 war die Auftragsverarbeitung bereits vorgesehen. 13
Erforderlich war danach, dass eine Vereinbarung hierüber schriftlich oder in anderer Weise dokumentiert wurde (Art. 17 Abs. 4 RL 95/46) und, dass die Verpflichtung zu technischen und organisatorischen Maßnahmen zum Schutz der Daten in einem Vertrag oder Rechtsakt vorzusehen war. Ebenso war zu berücksichtigen, dass der Auftragsverarbeiter nur auf Weisung des Verantwortlichen handeln durfte (Art. 17 Abs. 3 RL 95/46).

b) Frühere nationale Vorgaben

Das BDSG a. F. verwendete den Begriff „Auftragsdatenverarbeiter“. 14
Mit der Bezeichnung „Auftragsverarbeiter“ in der DSGVO geht aber keine inhaltliche Änderung einher. Der Begriff „Auftragsverarbeiter“ war schon durch die RL 95/46 eingeführt worden. Das BDSG a. F. war aber diesbezüglich nie angepasst worden.

Unter der Geltung des BDSG a. F. war eine Auftragsdatenverarbei- 15
tung mit einem Dienstleister aus einem Drittstaat nur über § 28 Abs. 1 Satz 1 Nr. 2 i. V. m. § 11 Abs. 2 BDSG a. F. möglich. Dies ergab sich aus § 3 Abs. 8 S. 2 BDSG a. F., wonach nur der Auftragsdatenverarbeiter, der die personenbezogenen Daten innerhalb der EU oder des EWR verarbeitete, nicht als Dritter galt. Dieser Ausschluss von Drittstaatsdienstleistern war schon mit der damals geltenden RL 95/46 nicht vereinbar. Nach der DSGVO ist ein Drittstaatsdienstleister nun auch in Deutschland als Auftragsverarbeiter anzusehen. Er muss dazu häufig einen Vertreter gem. Art. 27 Abs. 1 benennen, um bei sämtlichen Fra-

gen im Zusammenhang mit der Verarbeitung zur Gewährleistung der Einhaltung der DSGVO als Anlaufstelle zu dienen, Art. 27 Abs. 4.[35]

c) Verhandlungen zur DSGVO

16 Die Regelungen zur Auftragsdatenverarbeitung waren während des Gesetzgebungsverfahrens zwischen Kommission[36], Parlament[37] und Rat[38] wenig streitig und bis zur endgültigen Fassung der DSGVO für Art. 26 vorgesehen.

17 In fast allen Entwürfen fand sich die grundlegende Festlegung in Abs. 1 wieder, dass der Verantwortliche einen Auftragsverarbeiter wählt, der hinreichende Garantien bietet, damit die technischen und organisatorischen Maßnahmen so durchgeführt werden, dass die Verarbeitung im Einklang mit den Anforderungen der DSGVO erfolgt. Die Zustimmungsbedürftigkeit der Einschaltung von Unterauftragsverarbeitern in Abs. 2 der finalen Fassung ging auf die Initiative des Rates zurück, die zwar Elemente der Kommissions- und Parlamentsentwürfe übernahm, der Unterbeauftragung durch einen eigenen Absatz aber einen anderen Stellenwert gibt.[39]

18 Wesentliche Ergänzungen des Kommissionsentwurfs gingen auf die Initiative des Rates zurück (Abs. 4 bis 8), wobei sich der spätere Abs. 5 (hinreichende Garantien durch genehmigte Verhaltensregeln und Zertifizierungen) als Abs. 3a auch im Parlamentsentwurf abzeichnete. Das Schriftformerfordernis in Abs. 9, das auch durch ein elektronisches Format erfüllt wird, entspricht dem Vorschlag des Rates; sowohl Parlament als auch Kommission sahen lediglich eine Dokumentationspflicht für die Weisungen des Verantwortlichen und die Pflichten des Auftragsverarbeiters vor. Die Regelung, dass ein Auftragsverarbeiter, der weisungswidrig verarbeitet, als Verantwortlicher gilt, fand sich bei

---

35 Zu den Anforderungen an die Benennung eines Vertreters in der EU siehe *Voigt/Drexler*, ZD 2021, 409, 412 ff.

36 Vorschlag der Europäischen Kommission vom 25.01.2012, KOM(2012) 11 endgültig; 2012/0011 (COD).

37 Legislative Entschließung des Europäischen Parlaments vom 12.03.2014, COM(2012)0011 – C7-0025/2012 – 2012/0011(COD).

38 Kompromisstext des Europäischen Rats vom 11.06.2015, 9565/15, 2012/2011 (COD).

39 Vgl. Kühling/Buchner/*Hartung*, Art. 28 Rn. 7.

Kommission und Parlament. Im Trilog wurde dies als Abs. 10 dem Art. 28 hinzugefügt.[40]

Weggefallen ist im Trilog die von der Kommission ursprünglich vorgesehene Kompetenz der EU-Kommission, delegierte Rechtsakte zu erlassen, um weitere Anforderungen an die Verantwortlichkeiten, Pflichten und Aufgaben des Auftragsverarbeiters festzulegen. Ebenfalls gestrichen wurden die Bedingungen, durch welche die Verarbeitung personenbezogener Daten in Unternehmensgruppen speziell zu Kontroll- und Berichterstattungszwecken vereinfacht werden kann. **19**

V. Anwendungsvoraussetzungen

Die Norm beschreibt die Anforderungen an eine inhaltliche und organisatorische Einbindung eines weisungsgebundenen Dienstleisters bei der Verarbeitung personenbezogener Daten im Auftrag des Verantwortlichen. Sie macht konkrete Vorgaben zur Beauftragung weiterer Auftragsverarbeiter durch den Auftragsverarbeiter (Abs. 2 und 4), zur vertraglichen Gestaltung (Abs. 3 S. 1) und zur Weisungsabhängigkeit (Abs. 3 S. 2 lit. a und S. 3). Darüber hinaus definiert sie auch die Rechtsfolgen bei einer Überschreitung des Weisungsrahmens (Abs. 10). **20**

Zur Abgrenzung der Auftragsverarbeitung von der eigenen Verantwortlichkeit des Dienstleisters siehe die Kommentierung zu Art. 4 Nr. 8 Rn. 20 ff. **21**

Die Einbeziehung eines anderen unternehmensinternen Bereiches stellt keine Auftragsverarbeitung dar. Es muss sich bei dem Dienstleister um eine eigenständige, rechtlich selbstständige Einheit handeln. Für die Beauftragung innerhalb eines Konzerns gibt es bei der Auftragsverarbeitung kein „Konzernprivileg".[41] **22**

40 Vgl. für Vorstehendes Kühling/Buchner/*Hartung*, Art. 28 Rn. 9-11.

41 Vgl. von dem Bussche/Voigt/*Voigt/von dem Bussche*, Teil 3 Kapitel 1 Rn. 1 ff., S. 169 ff.; grundlegend zum Konzernprivileg bereits unter der alten Rechtslage: *Lachenmann*, Datenübermittlung im Konzern, S. 70 ff.

1. Einordnung von Einzelfällen

a) Cloud Computing

23 Beim sogenannten Cloud Computing nutzt der Auftraggeber eine Struktur des Dienstleisters, bei dem für den Auftraggeber die Verfügbarkeit der Daten im Vordergrund steht. Sofern hierbei personenbezogene Daten durch den Dienstleister verarbeitet werden, liegt regelmäßig eine Auftragsverarbeitung vor[42] – unabhängig davon, wie diese Dienstleistung durch den Anbieter bezeichnet wird. Da das Dienstleistungsangebot des Cloud Computings oftmals an Rechnerkapazitäten an verschiedenen Orten gebunden ist, sind neben den Anforderungen an die Auftragsverarbeitung im Einzelfall auch die Voraussetzungen für die Drittstaatenübermittlung aus Kapitel V zu beachten. Dass der Dienstleister aufgrund seiner fachlichen Expertise zumeist die Mittel auswählt, die bei der Verarbeitung eingesetzt werden, ändert nichts an seiner Einstufung als Auftragsverarbeiter, denn auch diese Mittelwahl kann der Verantwortliche in der Auftragsvereinbarung dem Auftragsverarbeiter übertragen. Derselben Ansicht ist der EDSA, der feststellt, dass dem Auftragsverarbeiter (also auch dem Cloud-Anbieter) bei der Wahl der Methoden und der technischen oder organisatorischen Maßnahmen für das Erreichen der durch den Verantwortlichen festgelegten Verarbeitungszwecke ein gewisser Spielraum eingeräumt werden kann.[43]

24 Überdies finden im Bereich des Cloud Computings (insbesondere im Bereich „Software as a Service“) häufig auch Datenverarbeitungen durch die Auftragsverarbeiter zu eigenen Zwecken statt (etwa die Auswertung von Diagnosedaten zur Nutzung bzw. Verbesserung des Produkts). Dies kann – jedenfalls dann, wenn nicht lediglich anonymisierte Daten zur Auswertung verwendet werden – zu einer (ggf. gemeinsamen) Verantwortlichkeit des Anbieters mit dem Verantwortlichen führen, wobei im Einzelfall zu untersuchen ist, ob die Datenverarbeitung im Konflikt zur Position als Auftragsverarbeiter steht.[44]

---

42 Vgl. nur Taeger/Gabel/*Gabel/Lutz*, Art. 28 Rn. 22 m. w. N.; *DSK*, Kurzpapier Nr. 13, S. 4, *EDSA*, Leitlinien 07/2020, Version 2.0, S. 15 f. Rn. 30.

43 *EDSA*, Leitlinien 07/2020, Version 2.0, S 30 Rn. 80.

44 Siehe hierzu die Hinweise der *Berliner Beauftragten für Datenschutz und Informationsfreiheit* für Berliner Verantwortliche zu Anbietern von Videokon-

b) Rechenzentrum

Die Inanspruchnahme von Rechenzentrumsleistungen ist dann als Auftragsverarbeitung anzusehen, wenn sich die vertraglich vereinbarte Leistung auf die Verarbeitung personenbezogener Daten bezieht.[45] Schuldet der Dienstleister nur die Infrastruktur für den Betrieb datenverarbeitender Anlagen (**Housing**), wird keine Auftragsverarbeitung vorliegen.[46] Dabei wird Housing als „reine Miete von Räumen mit Infrastruktur (Strom, Kühlung/Heizung, TK-Anbindungsmöglichkeit etc.) als Standort von gemieteten Rechnern ([…]d. h. „Zurverfügungstellung der Hülle“) ohne konkrete Verarbeitungsvorgänge bezüglich der Daten (keine Netz-, Support-, Wartungs- und Datensicherungsleistungen bezüglich der Datenverarbeitung durch den Vermieter) […]“ definiert.[47] **25**

c) Homeoffice

Die Arbeit abhängig Beschäftigter im Rahmen ihres Arbeitsverhältnisses ist keine Auftragsverarbeitung, sofern es sich dabei nur um eine räumliche Verlagerung des Arbeitsplatzes handelt. **26**

d) Transportdienstleistungen

Bei Postdienstleistungen ist nicht von einer Auftragsverarbeitung auszugehen, sofern die personenbezogenen Daten nur im Rahmen des Transportes und der Zustellung genutzt werden.[48] Die Befugnis, die personenbezogenen Daten auf dem Adressfeld an den Dienstleister zum Zweck der Zustellung zu übergeben, ergibt sich aus Art. 6 Abs. 1 lit. f. Damit hat der Postdienstleister auch die Befugnis, diese Adresse zu verarbeiten, um im eigenen Interesse Transport und Zustellung durchzuführen. Aufgrund der Verschwiegenheitsvorgaben zum Post- **27**

---

ferenzdiensten (Version 2.0 vom 18.02.2021, abrufbar unter: https://www.datenschutz-berlin.de/fileadmin/user_upload/pdf/dokumente/2021-BlnBDI_Dienste-fuer-Videokonferenzen.pdf, abgerufen am 18.02.2025).

45 Vgl.DSK, Kurzpapier Nr. 13, S. 4; Taeger/Pohle/*Polenz*, ComputerR-Hdb, 36.3 Rn. 19.

46 BeckOK Datenschutzrecht/*Spoerr*, Art. 28 Rn. 24b; Taeger/Gabel/*Gabel/Lutz*, Art. 28 Rn. 21; Spindler/Schuster/*Nink*, Art. 28 Rn. 8.

47 *BayLDA*, 6. Tätigkeitsbericht, Ziffer 5.1.

48 *DSK*, Kurzpapier Nr. 13, S. 4.

geheimnis (vgl. § 39 PostG) und der Strafbewehrung bei Verletzung des Postgeheimnisses (§ 206 StGB) werden die Interessen des Betroffenen bei der Abwägung im Regelfall nicht überwiegen. Die personenbezogenen Daten dürfen jedoch nur zu dem Zweck verarbeitet werden, zu dem sie übertragen wurden (Transport und Zustellung). Werden durch Postunternehmen Zusatzdienste erbracht, die über die Transport- und Zustellleistung nach dem Postgesetz und der Postdienstleistungsverordnung hinausgehen, kann die Beurteilung anders ausfallen. Das BayLDA geht bei Zusatzdienstleistungen, die auf Kundenwunsch erbracht werden (etwa „zentrale Adressverwaltung" oder „Auftragsübersicht"), von Auftragsverarbeitung aus.[49]

e) Wartung/Fernwartung

28 Nach alter Rechtslage waren die Vorschriften über die Auftragsverarbeitung auf Wartungsdienstleistungen entsprechend anzuwenden (§ 11 Abs. 5 BDSG a.F). Diese Regelung ist nunmehr entfallen. Daher stellt sich die Frage, ob es als Auftragsverarbeitung anzusehen ist, wenn die Kenntnisnahme der Daten durch den Dienstleister zwar nicht der eigentliche Vertragsgegenstand ist, dieser aber die Möglichkeit hierzu hat oder eine Kenntnisnahme jedenfalls nicht verhindert werden kann.[50] Dafür spricht, dass § 11 Abs. 5 BDSG a. F. lediglich erforderlich war, weil eine Kenntnisnahme durch den Auftragnehmer nicht dem vergleichsweise engen Verarbeitungsbegriff des § 3 Abs. 4 BDSG a. F. unterfiel und eine Auftragsverarbeitung daher – trotz vergleichbaren Schutzbedarfs – per definitionem ausgeschlossen war.[51] Nunmehr ist der Verarbeitungsbegriff in Art. 4 Nr. 2 sehr weit gefasst. Auch „Auslesen", „Abfragen" oder „Offenlegung" personenbezogener Daten sind demnach Verarbeitungen, so dass jede Form der Zugänglichmachung als Verarbeitung angesehen werden kann.[52] Das könnte dafür sprechen, dass auch die (potenzielle[53]) Kenntnis-

---

49 *BayLDA*, 6. Tätigkeitsbericht, Ziffer 5.3.

50 Kühling/Buchner/*Hartung*, Art. 28 Rn. 53.

51 Gola/Schomerus/*Gola/Klug/Körffer*, 12. Auflage 2015, § 11 BDSG a. F. Rn. 14; vgl. auch Kühling/Buchner/*Hartung*, Art. 28 Rn. 54.

52 Vgl. Kühling/Buchner/*Herbst*, Art. 4 Nr. 2 Rn. 29; Paal/Pauly/*Ernst*, Art. 4 Rn. 30.

53 Paal/Pauly/*Ernst*, Art. 4 Rn. 30, der hinsichtlich des Begriffs der „Offenlegung" feststellt, dass es auf eine tatsächliche Kenntnisnahme nicht ankomme. Unab-

nahme durch den Dienstleister dem Verarbeitungsbegriff der DSGVO unterfallen könnte.[54] Diese Folgerung ist jedoch nicht zwingend. Die Rechtslage ist nicht mehr so eindeutig wie noch unter der alten gesetzlichen Regelung in § 11 Abs. 5 BDSG a. F. Es besteht auch Spielraum für eine entgegengesetzte Auslegung, wonach die bloße Möglichkeit einer Kenntnisnahme im Rahmen von Wartung und Prüfung nicht als Verarbeitung im Sinne der DSGVO anzusehen wäre.[55]

Das BayLDA und die DSK kamen zu dem Ergebnis, dass es sich bei 29
der „Prüfung oder Wartung (z. B. Fernwartung, externer Support) automatisierter Verfahren oder von Datenverarbeitungsanlagen, wenn bei diesen Tätigkeiten ein Zugriff auf personenbezogene Daten nicht ausgeschlossen werden kann", regelmäßig um Auftragsverarbeitungen handelt.[56] Das BayLDA hat inzwischen seine Auslegungshilfe aktualisiert und verweist anstelle konkreter Beispiele nur noch auf die allgemeinen Abgrenzungskriterien des EDSA.[57]

Sofern der Dienstleister lediglich eine rein technische Wartung der 30
IT-Infrastruktur vornimmt, ohne dass er möglicherweise mit personenbezogenen Daten des Auftraggebers in Berührung kommt (z. B. Arbeiten an der Stromzufuhr, Heizung, Kühlung), scheidet mangels einer Verarbeitungstätigkeit freilich auch das Vorliegen einer Auftragsverarbeitung aus.[58]

---

hängig hiervon sollte auch in Fällen nicht beabsichtigten Datenzugriffs unter Risikogesichtspunkten ein Auftragsvereinbarungsvertrag geschlossen werden, um im Falle meldepflichtiger Datenschutzverletzungen abgesichert zu sein.

54 Simitis/Hornung/Spiecker gen. Döhmann/*Petri*, Art. 28 Rn. 23; Taeger/Gabel/*Gabel/Lutz*, Art. 28 Rn. 17; i. E. wohl auch Kühling/Buchner/*Hartung*, Art. 28 Rn. 54; *DSK*, Kurzpapier Nr. 13, S. 3.

55 So mit ausführlicher Argumentation Gierschmann/Schlender/Stentzel/Veil/*Kramer*, DSGVO Art. 28 Rn. 21 ff.; Schwartmann/Jaspers/Thüsing/Kugelmann/*Kremer*, Art. 28 Rn. 89 ff.

56 *BayLDA*, Auslegungshilfe Auftragsverarbeitung 2019, S. 1 (eine Kopie dieser alten Fassung ist noch abrufbar unter https://web.archive.org/web/20210401145817/https://www.lda.bayern.de/media/veroeffentlichungen/FAQ_Abgrenzung_Auftragsverarbeitung.pdf; abgerufen am 26.02.2025); *DSK*, Kurzpapier Nr. 13, S. 3 f.

57 Vgl. *BayLDA*, Abgrenzungshilfe Auftragsverarbeitung.

58 *DSK*, Kurzpapier Nr. 13, S. 3; Simitis/Hornung/Spiecker gen. Döhmann/*Petri*, Art. 28 Rn. 23.

2. Anforderungen an die Auswahl (Abs. 1)

31 Abs. 1 verlangt, dass der Verantwortliche nur mit Auftragsverarbeitern arbeitet, die hinreichend Garantien dafür bieten, dass deren technische und organisatorische Maßnahmen die Verarbeitung im Einklang mit der DSGVO und den Schutz der Betroffenenrechte gewährleisten. Während Art. 17 Abs. 2 RL 95/46 vom Verantwortlichen verlangte, dass er bei der Auswahl darauf achtet, dass der Auftragsverarbeiter hinsichtlich der technischen und organisatorischen Sicherheitsmaßnahmen **„ausreichende Gewähr"** bietet, muss er nunmehr auf **„hinreichende Garantien"** achten. Dies umfasst nicht nur Aspekte der Sicherheit der Verarbeitung, sondern auch Garantien im Hinblick auf Fachwissen, Zuverlässigkeit und Ressourcen.[59] Welche Garantien hinreichend sind, bestimmt sich auch anhand des Risikos der konkreten Verarbeitung.[60]

32 Der Grund für die Inanspruchnahme eines Auftragsverarbeiters liegt nicht selten in dessen größerer technischer Expertise sowie in den ihm zur Verfügung stehenden technischen Ressourcen. Daher verwundert es nicht, dass die technischen Kenntnisse und Fähigkeiten aufseiten des Verantwortlichen bisweilen nicht ausreichen, um die Einhaltung der datenschutzrechtlichen Anforderungen durch den Auftragsverarbeiter zu beurteilen. Zur Bewältigung eines solchen Szenarios können nach Abs. 5 die Einhaltung genehmigter Verhaltensregeln gem. Art. 40 oder eines genehmigten Zertifizierungsverfahrens gem. Art. 42 als Faktoren[61] herangezogen werden, um hinreichende Garantien nachzuweisen. Ob allein die Verwendung von Standardvertragsklauseln, die durch die Europäische Kommission (Abs. 7) oder eine Aufsichtsbehörde (Abs. 8) festgelegt werden, solche Garantien darstellen kann[62], kann bezweifelt werden, sofern nicht auch in diesen Standardvertragsklauseln detaillierte Angaben zu den Maßnahmen des Auftragsverarbeiters geregelt werden. Allerdings können auch andere Mittel für

---

59 Kühling/Buchner/*Hartung* Art. 28 Rn. 56 m. w. N.

60 *EDSA*, Opinion 22/2024, Rn. 45.

61 Den genehmigten Verhaltensregeln und Zertifizierungsverfahren soll insofern lediglich indizielle Bedeutung im Rahmen einer anzustellenden Gesamtbeurteilung zukommen. Zu den Faktoren für hinreichende Garantien siehe Art. 28 Rn. 88 ff.

62 So wohl Ehmann/Selmayr/*Bertermann/Peintinger*, Art. 28 Rn. 13.

hinreichende Garantien sorgen, wie bspw. nicht anerkannte Zertifikate oder eigene oder beauftragte Prüfungen durch den Verantwortlichen oder den Auftragsverarbeiter.[63]

Hervorzuheben ist, dass es keine wie bisher in § 11 Abs. 2 und 4 BDSG a. F. definierte und wie bisher in Art. 43 Abs. 1 Nr. 2b BDSG a. F. bußgeldbewehrte Pflicht zur vorherigen Überzeugung über die Einhaltung der vereinbarten technischen und organisatorischen Maßnahmen beim Auftragsverarbeiter mehr gibt. Aus der Formulierung in Abs. 1 („arbeitet […] nur mit") ist jedoch abzuleiten, dass der Verantwortliche fortwährend die Verantwortung dafür trägt, dass diese hinreichenden Garantien für die gesamte Dauer der Verarbeitung vorliegen.[64] Der Umfang der Pflichten des Verantwortlichen ist abhängig vom Risiko der Verarbeitung im Einzelfall.[65] Insbesondere die Einhaltung der Vorgaben für Drittlandtransfers ist dabei zu beachten, da Drittlandtransfers in der DSGVO grundsätzlich als riskanter gelten als Datenverarbeitungen innerhalb der EU.[66] In Verbindung mit Rechenschaftspflicht (Art. 5 Abs. 2) und Nachweispflicht (Art. 24 Abs. 1) bestehen dokumentarische Anforderungen, die sich auf den Verantwortlichen und wegen Art. 32 (Sicherheit der Verarbeitung) und 82 (Haftung und Recht auf Schadenersatz) auch auf den Auftragsverarbeiter auswirken. **33**

Abseits genehmigter Verhaltensregeln und Zertifizierungsverfahren ist es für den Verantwortlichen empfehlenswert, ein am risikobasierten Ansatz der DSGVO ausgerichtetes **abgestuftes Prüfsystem** zu verfolgen.[67] In einem ersten Schritt sollte hierfür die Schutzwürdigkeit der Daten beurteilt werden, wofür der Umfang sowie die Komplexität der Datenverarbeitung als Indizien herangezogen werden können. **34**

Ist die Schutzwürdigkeit infolgedessen als niedrig einzustufen, z. B. weil lediglich weniger sensible Daten in geringem Umfang verarbeitet werden, kann es aus Praktikabilitätsgründen genügen, die technischen und organisatorischen Maßnahmen des Auftragsverarbeiters einer kri- **35**

---

63 a. a. O.

64 *EDSA*, Opinion 22/2024, Rn. 47 f.; Kühling/Buchner/*Hartung*, Art. 28 Rn. 60; Paal/Pauly/*Martini*, Art. 28 Rn. 20 m. w. N.

65 *EDSA*, Opinion 22/2024, Rn. 47 f.

66 *EDSA*, Opinion 22/2024, Rn. 82 f.

67 Zum risikobasierten Ansatz der DSGVO Gola/Heckmann/*Piltz*, Art. 24 Rn. 23 ff.; *Schröder*, ZD 2019, 503; Taeger/Gabel/*Lang*, Art. 24 Rn. 31 ff.

tischen Prüfung auf Aktualität und Plausibilität zu unterziehen sowie anhand zur Verfügung stehender Informationen eine Gesamtbeurteilung der Vertrauenswürdigkeit des Dienstleisters durchzuführen.

36 Bei mittlerer Schutzwürdigkeit (z.B. stärkere Automatisierung der Datenverarbeitung oder sensiblere Daten betroffen) sollte zusätzlich eine Risikoanalyse durchgeführt sowie das Datenschutz- und Datensicherheitskonzept des Dienstleisters angefordert und auf Plausibilität geprüft werden.

37 Ist eine hohe Schutzwürdigkeit anzunehmen (z.B. Verarbeitung besonderer Kategorien personenbezogener Daten oder eine Vielzahl betroffener Personen), sollten darüber hinaus weitere Informationen über den Dienstleister eingeholt werden, um eine erschöpfende Gesamtbeurteilung vornehmen zu können. Für die Vertrauenswürdigkeit des Dienstleisters kann hierbei etwa sprechen, dass er aussagekräftige Zertifizierungen oder Audits durch fachkundige Dritte vorweisen kann. Ferner könnte eine Vor-Ort-Kontrolle durchgeführt werden, um ein unmittelbares Bild von den internen Abläufen des Dienstleisters zu gewinnen. Eine Checkliste mit wesentlichen Vorgaben zur Auswahl geeigneter Auftragsverarbeiter findet sich in Kapitel E dieses Kommentars.

3. Weitere Auftragsverarbeiter (Abs. 2 und 4)

a) Grundlagen

38 Neben der Vorgabe, die Inanspruchnahme der Dienste eines weiteren (Unter-)Auftragsverarbeiters in einem Vertrag nach Art. 28 Abs. 3 lit. d zu regeln, werden in Abs. 2 des Art. 28 spezielle Vorgaben bei der Einbeziehung eines weiteren Auftragsverarbeiters eingeführt.

39 In der DSGVO wird der Begriff des weiteren Auftragsverarbeiters (Subunternehmers bzw. Unterauftragsverarbeiters) nicht definiert. Zu beachten ist jedoch in jedem Fall, dass der Leistungsumfang des Subunternehmers nicht weitreichender sein darf als derjenige des eigentlichen Auftragsverarbeiters. Mit anderen Worten: Was dem Auftragsverarbeiter gegenüber dem Verantwortlichen nicht gestattet ist, darf auch dem Subunternehmer gegenüber dem Auftragsverarbeiter nicht gestattet sein. Durch die weite Formulierung des Art. 28 Abs. 2 S. 1

(„weiter[e] Auftragsverarbeiter“) wird ferner deutlich, dass die datenschutzrechtlichen Anforderungen nicht lediglich für die erste „Reihe“ an Subunternehmern gelten, sondern in Subunternehmerketten auch für etwaige Subunternehmer des Subunternehmers usw.[68] Will der Subunternehmer mithin seinerseits Subunternehmer einsetzen, unterliegt er hierbei dem Erfordernis einer Genehmigung durch den Verantwortlichen.[69]

Art. 28 Abs. 2 umfasst drei Fallvarianten: 40

- Es ist kein weiterer Auftragsverarbeiter gestattet.
- Der Verantwortliche stimmt jedem weiteren Auftragsverarbeiter explizit zu.
- Es werden die Rahmenbedingungen definiert, unter denen der Auftragsverarbeiter weitere Auftragsverarbeiter einsetzen kann und der Verantwortliche wird hierüber informiert, um ggf. Einspruch zu erheben.

Im Falle einer allgemeinen Genehmigung informiert der Auftrags- 41
verarbeiter immer über jede beabsichtigte Änderung in Bezug auf die Hinzuziehung oder die Ersetzung anderer Auftragsverarbeiter, wodurch der Verantwortliche die Möglichkeit erhält, gegen derartige Änderungen Einspruch zu erheben (Art. 28 Abs. 2 S. 2). Dies kann mit einer erheblichen Vorlaufzeit auf beiden Seiten einhergehen, verbunden mit Unsicherheiten hinsichtlich der Vertragserfüllung, insb. bei einem ungeplanten Ausfall eines weiteren Auftragsverarbeiters bspw. durch Insolvenz. In diesen Fällen könnte ein Einspruch des Verantwortlichen gegen Treu und Glauben verstoßen, insb. wenn er dem in Insolvenz geratenen weiteren Auftragsverarbeiter explizit zugestimmt hatte. In der Praxis wird das Einspruchsrecht des Verantwortlichen häufig mit einem vertraglich vereinbarten Sonderkündigungsrecht des Auftragsverarbeiters im Falle eines Einspruchs gekoppelt. Darüber hinaus ist es auch nicht unüblich, das Einspruchsrecht an bestimmte Voraussetzungen – etwa berechtigte datenschutzrechtliche Bedenken oder sonstige nachvollziehbare Gründe – zu knüpfen.

Hat der Verantwortliche allgemein der Einbeziehung weiterer Auf- 42
tragsverarbeiter zugestimmt, muss der erste Auftragsverarbeiter jeder-

68 Kühling/Buchner/*Hartung* Art. 28 Rn. 85.
69 *Bergmann/Möhrle/Herb*, Art. 28 Rn. 37.

zeit alle notwendigen Informationen über weitere Auftragsverarbeiter bereithalten.[70]

43 Der Verantwortliche muss beim Auftragsverarbeiter nicht systematisch alle Verträge mit weiteren Auftragsverarbeitern abfragen und die Einhaltung der Voraussetzungen von Art. 28 Abs. 1 und Abs. 4 überprüfen.[71] Bestehen allerdings konkrete Verdachtsmomente (wie bspw. Berichterstattung über einen Datenschutzvorfall) oder fragt eine Aufsichtsbehörde dies an, muss der Verantwortliche unter Umständen eine Kopie des Vertrags zwischen Auftragsverarbeiter und Unterauftragsverarbeiter abfragen.[72]

b) Formanforderungen

44 Zwar wird in Art. 28 Abs. 2 bei der Genehmigung eines weiteren Auftragsverarbeiters die Schriftform verlangt. Es ist aber davon auszugehen, dass auch hier eine elektronische Form (vgl. Art. 28 Abs. 9) genügt.[73] Es ergibt keinen Sinn, an eine Genehmigung eines weiteres Auftragsverarbeiters höhere formale Anforderungen zu stellen als an die Dokumentation des restlichen Vertrages. Auch darf das Tatbestandsmerkmal der Schriftlichkeit nicht nach den Schriftform-Regelungen des BGB über §§ 126, 126a mit der nicht sachgerechten Rechtsfolge des § 125 BGB (Nichtigkeit) ausgelegt werden. Als Unionsrecht darf die DSGVO nicht anhand von Definitionen aus dem Recht der einzelnen Mitgliedstaaten ausgelegt werden.[74] Alles andere würde zu einer uneinheitlichen Rechtsauslegung führen.

45 Ziel der Schriftlichkeitsanforderung ist, dass beiden Vertragsparteien klar, deutlich und nachweisbar die Einbeziehung eines weiteren Auftragsverarbeiters bewusst ist. Dies dient auch der Erfüllung der Rechenschafts- und Nachweispflichten der Art. 5 Abs. 2 und Art. 24 Abs. 1. Damit dürfte es keine weiteren formalen Anforderungen an die Genehmigung eines weiteren Auftragsverarbeiters geben als solche, die die Vertragsparteien für eine Nachweisführung benötigen. Dies er-

70 *EDSA*, Opinion 22/2024, Rn. 28 ff.
71 *EDSA*, Opinion 22/2024, Rn. 69.
72 *EDSA*, Opinion 22/2024, Rn. 70.
73 So auch Taeger/Gabel/*Gabel/Lutz*, Art. 28 Rn. 63 m. w. N.; a. A. Paal/Pauly/*Martini*, Art. 28 Rn. 62.
74 Vgl. Ehmann/Selmayr/*Selmayr/Ehmann*, Einleitung Rn. 99.

laubt bspw. auch Onlinezustimmungen, solange diese für beide Vertragspartner nachweisbar bleiben. Dies dürfte letztendlich auch für die Auslegung des Abs. 9 bei den Formanforderungen an die Vereinbarung zur Auftragsverarbeitung insgesamt gelten. Auch der Abs. 2 selbst sieht eine konkludente Genehmigungsmöglichkeit durch Unterlassen eines Einspruchs vor, bei dem dann im Streitfall über die Beweislastregelungen zu klären ist, ob ein Einspruch durch den Verantwortlichen tatsächlich erfolgt oder unterblieben ist.

Für die inhaltliche Ausgestaltung der Einbindung eines weiteren Auf- 46
tragsverarbeiters zur Ausführung bestimmter Verarbeitungstätigkeiten im Namen des Verantwortlichen gibt Abs. 4 vor, dem Auftragsverarbeiter „dieselben" Datenschutzpflichten aufzuerlegen, die in dem Vertrag oder dem anderen Rechtsinstrument zwischen ihm und dem Verantwortlichen festgelegt sind. Auch hierbei ist über hinreichende Garantien (dazu Art. 28 Rn. 31 ff.) sicherzustellen, dass die Verarbeitung entsprechend den Anforderungen der DSGVO erfolgt (Abs. 4 S. 1 Hs. 2). In der Praxis ist es für den Auftragsverarbeiter in der Regel sehr schwer umzusetzen, dem Unterauftragsverarbeiter identische Datenschutzpflichten aufzuerlegen, da er inmitten des Spannungsverhältnisses zwischen dem Interesse des Verantwortlichen an maximaler Datenschutzkonformität und der unternehmerischen Freiheit des Unterauftragsverarbeiters eine Art Vermittlungsfunktion einnehmen muss. Häufig wird die Verpflichtung des Auftragsverarbeiters daher dahingehend eingeschränkt, dass dieser dem Unterauftragsverarbeiter lediglich „im Wesentlichen dieselben" Datenschutzpflichten aufzuerlegen hat. Ungeachtet einiger Zweifel an der Zulässigkeit einer solchen Regelung hat sich dieses Vorgehen als praktikabel erwiesen. Auch in den von der Europäischen Kommission auf Grundlage des Abs. 7 veröffentlichten Standardvertragsklauseln (siehe hierzu Art. 28 Rn. 91 ff.) ist lediglich eine Auferlegung der „im Wesentlichen" selben Datenschutzpflichten vorgesehen (Klausel 7.7. b)).

4. Grundlage der Auftragsverarbeitung

Die Auftragsverarbeitung darf gem. Abs. 3 Satz 1 nur auf Grundlage 47
eines Vertrags oder „eines anderen Rechtsinstruments" erfolgen. Die „anderen Rechtsinstrumente" können im Unionsrecht oder im mit-

gliedstaatlichen Recht festgelegt sein. Abs. 3 Satz 1 ist insofern eine Öffnungsklausel. Als „andere Rechtsinstrumente" kommen beispielsweise Auftragserteilungen mittels Verordnung, Richtlinie oder formellen Gesetzes in Betracht, wie u. a. in § 1 AZRG geschehen.[75] Auch einseitig verpflichtende Rechtsgeschäfte können „andere Rechtsinstrumente" in diesem Sinne sein.[76]

a) Inhalt der Vereinbarung

(1) Inhaltliche Anforderungen (Abs. 3)

48 In dem Vertrag zwischen Verantwortlichem und Auftragsverarbeiter sind bestimmte, in Abs. 3 vorgegebene, nicht abschließende Inhalte zu regeln. Die dabei getroffenen Vorgaben finden sich teilweise in den Verzeichnissen, die der Verantwortliche (Art. 30 Abs. 1) und der Auftragsverarbeiter (Art. 30 Abs. 2) zu erstellen haben, wieder.

49 Keine Vorgabe für die Vereinbarung zur Auftragsverarbeitung macht der Normgeber bspw. zur Vergütung und zur Haftung. Die Haftung des Verantwortlichen und des Auftragsverarbeiters ergibt sich aus Art. 82. Die DSGVO enthält keine direkten Vergütungsregeln. Der EDSA schlussfolgert aus Art. 28 Abs. 3 lit. h DSGVO, dass die Vergütung einzelner Leistungen nicht eindeutig unangemessen oder unverhältnismäßig und dadurch abschreckend sein darf, denn solche Vergütungsabreden würden den Verantwortlichen in der Praxis davon abhalten, seine vertraglich geregelten Rechte auszuüben.[77]

50 Problematisch erscheint ferner eine Reduzierung der Haftung des Auftragsverarbeiters auf nahezu Null, da für diesen mangels zu befürchtender Konsequenzen der Anreiz, sich an die vereinbarten Anforderungen zu halten, gänzlich entfallen könnte.

(2) Vertragsgegenstand (Abs. 3 S. 1)

51 In dem Vertrag (oder dem Rechtsinstrument nach dem Unionsrecht oder dem Recht der Mitgliedstaaten, vgl. Rn. 47) sind festzulegen:

---

75 Kühling/Buchner/*Hartung* Art. 28 Rn. 63; Simitis/Hornung/Spiecker gen. Döhmann/*Petri*, Art. 28 Rn. 48.

76 *Härting*, ITRB 2016, 137,139; Kühling/Buchner/*Hartung* Art. 28 Rn. 63; BeckOK Datenschutzrecht/*Spoerr*, Art. 28 Rn. 46a.

77 *EDSA*, Leitlinien 07/2020, Version 2.0, Rn. 145.

– Gegenstand und Dauer der Verarbeitung
– Art und Zweck der Verarbeitung
– Art der personenbezogenen Daten
– Kategorien betroffener Personen
– Pflichten und Rechte des Verantwortlichen.

Dazu muss der Vertrag spezifische und konkrete Angaben enthalten, damit der Vertrag für den Auftragsverarbeiter detaillierte Weisungen für die Durchführung der Verarbeitung enthält.[78] **52**

Gegenstand und Dauer können sich aus dem Hauptvertrag ergeben, in dem die detaillierten Leistungen des Auftragnehmers vereinbart werden. So kann insb. bei Standardleistungen der Gegenstand durch eine Leistungsbeschreibung und die Dauer aus Allgemeinen Geschäftsbedingungen – vorbehaltlich wirksamer Einbeziehung – erschlossen werden.[79] Es muss lediglich für beide Vertragsparteien erkennbar sein, was die vereinbarte Leistung ist und über welchen Zeitraum sich diese erstreckt. Auch eine zeitliche Befristung oder ein Abschluss auf unbestimmte Zeit sind möglich, sofern hierbei vereinbart ist, wie der Vertrag beendet werden kann. **53**

Bei **Art und Zweck der Verarbeitung** werden im Vertrag über die Auftragsverarbeitung abschließende Vorgaben erwartet. In Abgrenzung zum Gegenstand der Verarbeitung erfordert die Art der Verarbeitung keine Leistungsbeschreibung, sondern bezieht sich auf die in Art. 4 Nr. 2 aufgezählten Modalitäten der Verarbeitung.[80] Dabei fällt auf, dass hierbei nicht das Tatbestandsmerkmal der „Mittel“ aus der Definition des Verarbeiters in Art. 4 Nr. 7 wiederholt wird. **54**

Dies stützt die Ansicht des EDSA, dass dem Auftragsverarbeiter ein Spielraum bei der Wahl der (unwesentlichen) Mittel überlassen werden kann, vgl. Art. 4 Nr. 8 Rn. 16.[81] **55**

Aus der **Art der Daten** können Verantwortlicher und Auftragsverarbeiter ableiten, welche technischen und organisatorischen Schutzmaßnahmen nach Art. 32 zu treffen und zu vereinbaren sind. **56**

---

78 *EDSA*, Leitlinien 07/2020, Version 2.0, Rn. 112.
79 So auch Simitis/Hornung/Spiecker gen. Döhmann/*Petri*, Art. 28 Rn. 51.
80 Paal/Pauly/*Martini*, Art. 28 Rn. 31; Taeger/Gabel/*Gabel/Lutz*, Art. 28 Rn. 38.
81 *EDSA*, Leitlinien 07/2020, Version 2.0, Rn. 80 f.

57 Dazu reichen Kategorisierungen aus; es muss nicht jedes Dateifeld aufgeführt werden. Hierzu gehören bspw. die Angaben von Adress-, Kontakt-, Bankverbindungs-, Bestell- und Gehaltsdaten, konkrete besondere Kategorien personenbezogener Daten (vgl. Art. 9 Abs. 1), personenbezogene Daten über strafrechtliche Verurteilungen (Art. 10) oder auch Daten, die einer berufsrechtlich geschützten Verschwiegenheitspflicht unterliegen (vgl. § 203 StGB).

58 Auch über die Angabe der **Kategorien betroffener Personen** soll dem Verantwortlichen und dem Auftragsverarbeiter verdeutlicht werden, inwieweit durch das Zusammenspiel der Angaben der Art der Daten und Kategorien betroffener Personen Schutzmaßnahmen nach Art. 32 zu ergreifen bzw. zu vereinbaren sind. Außerdem benötigt der Auftragsverarbeiter diese Informationen, wenn er den Verantwortlichen bei der Meldung von Datenschutzverletzungen an die Aufsichtsbehörde (Art. 33) oder an den Betroffenen (Art. 34), bei der Datenschutz-Folgenabschätzung (Art. 35) oder bei der vorherigen Konsultation (Art. 36) gem. Abs. 3 S. 2 lit. f zu unterstützen hat. So können bspw. die folgenden Betroffenenkategorien aufgeführt werden: Beschäftigte, Interessenten, Lieferanten, Kunden, Patienten, Mandanten, Besucher, Antragsteller, Sonstige, etc.[82]

59 Abs. 3 S. 1 enthält die aus Sicht des Gesetzgebers maßgeblichen Rechte und Pflichten des Verantwortlichen, die in der Vereinbarung zur Auftragsverarbeitung festzulegen sind. Es steht den Vertragsparteien frei, branchen- oder auftragsbedingt weitere Regelungen aufzunehmen, die ihnen erforderlich erscheinen.

b) Weitere Mindestinhalte der Vereinbarung

(1) Weisungsgebundenheit (Abs. 3 S. 2 lit. a)

60 Personenbezogene Daten dürfen durch den Auftragsverarbeiter nur auf Weisung des Verantwortlichen verarbeitet werden. Dies ist das Wesen der Auftragsverarbeitung.[83] Die Weisungsgebundenheit nimmt dem Auftragsverarbeiter die Möglichkeit, selbst eigene Zwecke festzule-

82 Vgl. auch *EDSA*, Leitlinien 07/2020, Version 2.0, Rn. 114.

83 *EDSA*, Opinion 22/2024, Rn. 101: „First of all, the commitment from the processor to only process personal data on documented instructions from the controller is a core element of the contract."

gen, begründet die Privilegierungswirkung (vgl. Art. 4 Nr. 8 Rn. 14 ff.) der Auftragsverarbeitung und eröffnet die Möglichkeit, den Weisungsrahmen jeweils den Erfordernissen anzupassen.

Die Weisung muss dokumentiert sein. Eine bestimmte Form (wie in Abs. 2 oder 9) wird allerdings nicht vorgegeben. Die Dokumentation der Weisung ist allein aus Nachweis- und Rechenschaftsgründen erforderlich und dient dem beiderseitigen Interesse des Verantwortlichen und des Auftragsverarbeiters. So kann z. B. die Dokumentation eines Löschbefehls innerhalb einer Cloudanwendung durch die Protokollierung des Eingabebefehls des Anwenders erfolgen. **61**

Eine Weisung außerhalb des vereinbarten Weisungsumfangs ist als Angebot zur Vertragsänderung anzusehen. Eine beauftragte Verarbeitung, etwa eine verschlüsselte Archivierung unter AES (Advanced Encryption Standard) 126, kann nicht einseitig durch den Verantwortlichen auf AES 256 angewiesen werden, sofern nicht bereits diese Möglichkeit in der Leistungsbeschreibung des Vertrags zur Verarbeitung im Auftrag vorgesehen ist. Die Weisungshoheit des Verantwortlichen begründet kein einseitiges Leistungsänderungsrecht des Verantwortlichen (vgl. auch Art. 29 Rn. 29). **62**

Auch die Übermittlung personenbezogener Daten in ein Drittland durch den Auftragsverarbeiter unterliegt gem. Abs. 3 S. 2 lit. a der Weisung des Verantwortlichen.[84] Der Auftraggeber würde bei einem Verstoß hiergegen selbst zum Verantwortlichen (Abs. 10). **63**

Die Weisungsgebundenheit erfährt jedoch eine Einschränkung bzw. eine „Durchbrechung“[85] gem. Abs. 3 S 2 lit. a Hs. 1 a. E. und Hs. 2. Wenn der Auftragsverarbeiter durch das Recht der Union oder der Mitgliedstaaten, dem er unterliegt, zu einer Verarbeitung verpflichtet ist, muss er dem Verantwortlichen diese rechtlichen Anforderungen vor der Verarbeitung mitteilen, sofern das betreffende Recht eine solche Mitteilung nicht wegen eines wichtigen öffentlichen Interesses verbietet. Er ist dann zu einer weisungswidrigen Verarbeitung in diesem Umfang berechtigt. **64**

Solch ein Fall wäre z. B. bei einer Beschlagnahme von Datenträgern zu Beweiszwecken nach §§ 94 ff. StPO beim Auftragsverarbeiter vor- **65**

---

84 Vgl. *EDSA*, Opinion 22/2024, Rn. 79 ff.

85 So *Bergmann/Möhrle/Herb*, Art. 28 Rn. 85.

stellbar. Denn auch die Herausgabe personenbezogener Daten an Strafverfolgungsbehörden kann eine Verarbeitung nach Art. 4 Nr. 2 darstellen.

66 Die Formulierung der Ausnahme („sofern er nicht durch das Recht der Union oder der Mitgliedstaaten, denen der Auftragsverarbeiter unterliegt, hierzu verpflichtet ist") muss im Vertrag nicht wortgleich übernommen werden, doch eine wörtliche Übernahme wird durch den EDSA empfohlen.[86] Schwierigkeiten ergeben sich dann, wenn Verantwortlicher und Auftragsverarbeiter die Ausnahme von der Weisungsbindung so formulieren, dass auch das Recht eines Drittstaates die Verarbeitung ohne Weisung rechtfertigen könnte (z. B.: „sofern er nicht durch anwendbares Recht zur Verarbeitung verpflichtet ist"). Eine solche Vereinbarung ist zwar prinzipiell aufgrund der Vertragsfreiheit zulässig.[87] Allerdings muss eine solche Verarbeitung aufgrund des Rechts eines Drittstaats dann gleichwohl nach der DSGVO rechtmäßig sein.[88]

(2) Vertraulichkeitsverpflichtung (Abs. 3 S. 2 lit. b)

67 Durch die vertraglichen Vereinbarungen soll gewährleistet werden, dass sich die zur Verarbeitung der personenbezogenen Daten befugten Personen zur Vertraulichkeit verpflichtet haben oder einer angemessenen gesetzlichen Verschwiegenheitspflicht unterliegen. Auch wenn sich der Wortlaut dahingehend interpretieren ließe, dass auch die Mitarbeiter des Verantwortlichen im Vertrag über die Auftragsverarbeitung zur Verschwiegenheit zu verpflichten sind, bezieht sich Abs. 3 S. 2 lit. b nur auf die durch den Auftragsverarbeiter eingesetzten Personen. Der Verantwortliche muss bei den durch ihn eingesetzten Personen im Rahmen der Rechenschafts- und Nachweispflicht nach Art. 5 Abs. 2 und Art. 24 Abs. 1 selbst eine angemessene Vertraulichkeitsverpflichtung sicherstellen. Den Auftraggeber trifft dies als Adressaten des Art. 32 Abs. 1 lit. b im Hinblick auf die organisatorischen Schutzmaßnahmen zur Wahrung des Schutzziels der Vertraulichkeit bei den

86 *EDSA*, Opinion 22/2024, Rn. 108.
87 *EDSA*, Opinion 22/2024, Rn. 124.
88 a. a. O.; der *EDSA* verweist dabei insbesondere auf die zusätzlichen Anforderungen für Drittlandtransfers in Kapitel 5 der DSGVO, vgl. *EDSA*, Opinion 22/2024, Rn. 114 ff.

durch ihn eingesetzten Personen. Der Wortlaut des Abs. 3 S. 2 lit. b fordert nicht, dass sich der Verantwortliche davon überzeugt, dass beim Auftragsverarbeiter nur verpflichtetes Personal eingesetzt wird oder sich gar jede einzelne Vertraulichkeitserklärung vorlegen lässt. Der Auftragsverarbeiter muss aber damit rechnen, dass sich der Verantwortliche nach seinen bestehenden Prozessen erkundigt, um sicherzustellen, dass eine Vertraulichkeitserklärung vorliegt. Auch kann im Einzelfall der Nachweis einer konkreten Vertraulichkeitsverpflichtung erforderlich sein. Insbesondere im Kontext von Arbeitsverhältnissen kann eine solche jedoch auch ohne schriftliche Fixierung bestehen.

Es wird auch als ausreichend angesehen, wenn der Auftragsverarbeiter einer angemessenen gesetzlichen Verschwiegenheitspflicht unterliegt, wie z. B. Postdienstleister, die außerhalb der Postdienstleistung als Auftragsverarbeiter tätig sind, vgl. Art. 28 Rn. 27). **68**

(3) Schutzmaßnahmen gemäß Art. 32 (Abs. 3 S. 2 lit. c)

Dem Auftragsverarbeiter wird bereits durch Art. 32 Abs. 1 die Pflicht auferlegt, geeignete technische und organisatorische Maßnahmen zu treffen, um ein dem Risiko angemessenes Schutzniveau zu gewährleisten. Diese Pflicht trifft ihn somit als eigene Pflicht. Die Verpflichtung, im Vertrag zu regeln, dass der Auftragsverarbeiter die erforderlichen Maßnahmen ergreift, stellt sicher, dass Verantwortlicher und Auftragsverarbeiter mit den tatsächlichen Maßnahmen ein aus ihrer Sicht angemessenes Schutzniveau auch erreichen.[89] **69**

Für die Beantwortung der Frage, welche Maßnahmen konkret erforderlich sind, ist grundsätzlich zunächst das Schutzniveau im Einzelfall zu bestimmen. Die Aufsichtsbehörden haben bis jetzt noch keinen Vorschlag für eine Darstellung gemacht, in der aufgelistet wird, welche konkreten Anforderungen an die Maßnahmen gestellt werden, die der Auftragsverarbeiter nach Art. 32 ergreifen muss. Man kann sich hierfür jedoch an den Maßnahmenbeispielen des Art. 32 Abs. 1 orientieren: **70**

---

89 Es kommt somit zu einer „doppelten Verantwortlichkeit" des Auftragsverarbeiters, vgl. Kühling/Buchner/*Jandt*, Art. 32 Rn. 4; *Voigt*, Räumliche Anwendbarkeit der DSGVO auf Auftragsverarbeiter im Drittland, S. 49.

– Pseudonymisierung
– Verschlüsselung
– Gewährleistung der Vertraulichkeit
– Gewährleistung der Integrität
– Gewährleistung der Verfügbarkeit
– Gewährleistung der Belastbarkeit der Systeme
– Verfahren zur Wiederherstellung der Verfügbarkeit personenbezogener Daten nach einem physischen oder technischen Zwischenfall
– Verfahren regelmäßiger Überprüfung, Bewertung und Evaluierung der Wirksamkeit der technischen und organisatorischen Maßnahmen.

71 Diese Aufstellung von Maßnahmen könnte bspw. in einer Anlage zur Auftragsverarbeitungsvereinbarung Berücksichtigung finden. Darüber hinaus kann es zur Erreichung eines Mindestniveaus hilfreich sein, allgemeine Checklisten heranzuziehen.[90] Einen weiteren Anknüpfungspunkt bieten die nunmehr von der Europäischen Kommission veröffentlichten Standardvertragsklauseln zwischen Verantwortlichen und Auftragsverarbeitern (siehe hierzu Art. 28 Rn. 91 ff.), die in Anhang III eine Aufzählung der von den technischen und organisatorischen Maßnahmen abzudeckenden Bereiche enthalten.

72 Darüber hinaus kann ein Verweis auf folgende Unterlagen erfolgen:
– Interne Verhaltensregeln
– Genehmigte Verhaltensregeln
– Risikoanalyse
– Allgemeine Datensicherheitsbeschreibung
– Umfassendes Datensicherheitskonzept
– Wiederanlaufkonzept

---

90 Eine solche findet sich bei *Voigt*, IT-Sicherheitsrecht, Rn. 202. Darüber hinaus hat die *Agentur der Europäischen Union für Cybersicherheit (ENISA)* im Dezember 2016 einen Leitfaden zur sicheren Verarbeitung personenbezogener Daten veröffentlicht, der ebenfalls sehr hilfreich ist (abrufbar unter: https://www.enisa.europa.eu/publications/guidelines-for-smes-on-the-security-of-personal-data-processing/, abgerufen am 19.02.2025). Auf nationaler Ebene gibt es weitere Orientierungshilfen für technische und organisatorische Datenschutzmaßnahmen, vgl. *DSK*, Standard-Datenschutzmodell, Version 3.1 2024; *BSI*, IT-Grundschutz 2023.

– Zertifikate (mit Ausstellungsdatum und Bezeichnung der Zertifizierungsstelle).

Es liegt allerdings im Interesse des beauftragenden Verantwortlichen, dass an dieser Stelle nicht zu viele Details des Informationssicherheitskonzeptes inklusive der datenschutzrechtlichen Rollen- und Zugriffskonzepte des Dienstleisters dargestellt werden, um die Eintrittswahrscheinlichkeit von Risiken nicht zu erhöhen. **73**

(4) Weitere Auftragsverarbeiter (Abs. 3 S. 2 lit. d)

Wie bereits unter Art. 28 Rn. 31 ff. beschrieben, ist eine Regelung erforderlich, unter welchen Rahmenbedingungen und zu welchen Teil- oder Gesamtleistungen ein weiterer Auftragsverarbeiter durch den Auftragsverarbeiter einbezogen werden darf. Für den Prozess der Einholung der Genehmigung (Zustimmung) weiterer Auftragsverarbeiter sollten klare Kommunikations- und Entscheidungswege sowie Rückmeldefristen vereinbart werden. Auch das Vorgehen im Fall eines ungeplanten, kurzfristigen Ausfalls eines weiteren Auftragsverarbeiters sollte geregelt werden. Dadurch kann eine Störung der fristgerechten Durchführung der beauftragten Verarbeitung, bspw. bei Insolvenz eines bereits genehmigten weiteren Auftragsverarbeiters, vermieden werden. **74**

(5) Unterstützung bei Betroffenenrechten (Abs. 3 S. 2 lit. e)

Der Vertrag soll auch eine Regelung darüber treffen, inwieweit der Auftragsverarbeiter angesichts der Art der Verarbeitung den Verantwortlichen mit geeigneten technischen und organisatorischen Maßnahmen dabei unterstützt, seiner Pflicht zur Beantwortung von Anträgen auf Wahrnehmung der in Kapitel III genannten Betroffenenrechte nachzukommen. Dabei muss beachtet werden, ob der Auftragsverarbeiter tatsächlich einen höheren Kenntnisstand bezüglich der Betroffenenrechte als der Verantwortliche hat. Im Vertrag kann es sich daher je nach Ausgestaltung der Dienstleistung des Auftragsverarbeiters anbieten, anstelle einer pauschalen Verpflichtung die tatsächliche Unterstützungspflicht möglichst konkret zu beschreiben, um keinen versteckten Dissens der Vertragsparteien zu riskieren. Gerade bei Softwareanwendungen wie „Software as a Service“ kann die Unter- **75** stützungsleistung durch den Auftragsverarbeiter häufig standardisiert durch die Softwarelösung abgefragt werden (z. B. via Datenexport und Löschmöglichkeiten). Unabhängig von der konkreten Unterstützungspflicht sollte zwischen den Vertragsparteien geklärt sein, ob diese Leistungen bei der vereinbarten Vergütung inkludiert sind oder nach Aufwand abgerechnet werden.[91]

(6) Unterstützung bei Art. 32 – 36 (Abs. 3 S. 2 lit. f)

76 Der Auftragsverarbeiter soll den Verantwortlichen unter Berücksichtigung der Art der Verarbeitung und der ihm zur Verfügung stehenden Informationen bei der Einhaltung der in den Art. 32 bis 36 genannten Pflichten unterstützen. Auch hier sollten die konkreten Unterstützungsleistungen – soweit möglich – klar vereinbart werden. Ebenso sollte Einigkeit zwischen den Vertragsparteien über die Vergütung hergestellt werden. Dies gilt umso mehr, als die Art. 32 bis 36 dem Auftragsverarbeiter auch eigene Pflichten auferlegen. Die Grenzen der Unterstützung werden dort zu finden sein, wo der Auftragsverarbeiter erst weitere Informationen einholen muss, um Unterstützungsleistungen erbringen zu können.[92]

(7) Umgang mit Daten nach Beendigung der Verarbeitung (Abs. 3 S. 2 lit. g)

77 Die Auftragsvereinbarung soll auch eine Regelung darüber enthalten, wie nach Erbringung der Verarbeitungsleistung mit den personenbezogenen Daten durch den Auftragsverarbeiter umzugehen ist. So kann vereinbart werden, dass die Daten durch den Auftragsverarbeiter gelöscht oder zurückgegeben werden müssen. Dem Verantwortlichen steht hierbei ein Wahlrecht zwischen diesen Alternativen zu. Da auch die Löschung eine Verarbeitung darstellt, hätte der Auftragsverarbeiter ohne entsprechende Regelung im Vertrag keine eigene Berechtigung, die Daten zu löschen. In diesem Zusammenhang kann auch geregelt werden, ob und wie viel Zeit der Auftragsverarbeiter aufgrund prozesstechnischer Vorgaben zum Löschen bekommt. Ziel muss sein, dass der Auftragsverarbeiter nach Abschluss der beauftragten Ver-

91 Zur Zulässigkeit vereinbarter Vergütungen vgl. bereits Rn. 49.
92 *Bergmann/Möhrle/Herb*, Art. 28 Rn. 110.

arbeitung keine personenbezogenen Daten behält. In der Praxis ist es häufig empfehlenswert, bereits im Vertrag festzulegen, ob die Daten gelöscht oder zurückgegeben werden sollen, so dass bei Vertragsende keine Unklarheiten über die Löschung oder die Art der Rückgabe bestehen.[93]

Besteht nach dem Unionsrecht oder dem Recht der Mitgliedstaaten eine Verpflichtung zur Speicherung der personenbezogenen Daten, die einer Löschung oder Rückgabe entgegenstehen könnte, ist dies zu berücksichtigen. Dieser Vorbehalt wird teilweise als unechte Öffnungsklausel bezeichnet. Die Ausnahme muss sich dabei auf eine Öffnungsklausel in einem anderen Artikel der DSGVO stützen können. Dafür kommen insb. Art. 6 Abs. 2 und 3 in Betracht. **78**

(8) Unterstützung zur Nachweiserbringung (Abs. 3 S. 2 lit. h)

In der Vereinbarung soll auch eine Regelung getroffen werden, wonach der Auftragsverarbeiter dem Verantwortlichen alle erforderlichen Informationen zum Nachweis der Einhaltung der in Art. 28 niedergelegten Pflichten zur Verfügung stellt. Auch soll der Auftragsverarbeiter Überprüfungen einschließlich Inspektionen, die vom Verantwortlichen oder einem anderen von diesem beauftragten Prüfer durchgeführt werden, ermöglichen und hierzu beitragen. Nicht explizit geregelt ist in der DSGVO die Verpflichtung des Auftraggebers, sich vor Beginn der Datenverarbeitung und dann regelmäßig von der Einhaltung der beim Auftragnehmer getroffenen technischen und organisatorischen Maßnahmen zu überzeugen und das Ergebnis zu dokumentieren, wie es bisher in § 11 Abs. 2 S. 4 und 5 BDSG a. F. statuiert war. Jedoch ergibt sich eine dahingehende fortwährende Überprüfungspflicht mittelbar aus Abs. 1.[94] **79**

Auch ohne den Art. 28 ist der Verantwortliche aufgrund der Rechenschafts- und Nachweispflichten der Art. 5 Abs. 2 und 24 Abs. 1 verpflichtet, den Nachweis eines angemessenen Schutzniveaus gemäß Art. 32 erbringen zu können. Dem Verantwortlichen stehen verschiedene Möglichkeiten offen, wie er die Einhaltung nachweist, insb. hin- **80**

93 Ehmann/Selmayr/*Bertermann/Peintinger*, Art. 28 Rn. 28.
94 Kühling/Buchner/*Hartung*, Art. 28 Rn. 60; Paal/Pauly/*Martini*, Art. 28 Rn. 20 m. w. N.

sichtlich der Einhaltung durch den Auftragsverarbeiter. So kann er sich z. B. durch den Auftragsverarbeiter Dokumente vorlegen lassen oder sich der Zertifikate oder des Nachweises der Einhaltung genehmigter Verhaltensregeln durch den Auftragsverarbeiter (Abs. 4 i. V. m. Art. 40 oder 42) bedienen. Auch eine Überprüfung vor Ort kann für den Nachweis herangezogen werden. Dabei kann der Prüfer auch durch den Auftragsverarbeiter beauftragt werden. Unter der DSGVO sind Vor-Ort-Inspektionen nicht zwingend erforderlich, so dass davon ausgegangen werden kann, dass die Regelung hinsichtlich der Erbringung des Nachweises zwischen dem Verantwortlichen und dem Auftragsverarbeiter frei vereinbart werden darf, solange der Verantwortliche sich jedenfalls die abstrakte Möglichkeit zur Durchführung von Vor-Ort-Kontrollen vorbehält.[95]

81 Es wird von den Aufsichtsbehörden als grundsätzlich zulässig angesehen, eine gesonderte Vergütung für die Unterstützung durch den Auftragsverarbeiter bei der Nachweiserbringung (z. B. bei einem Vor-Ort-Besuch des Verantwortlichen oder eines externen Prüfers) zu vereinbaren, solange der Betrag dieser Vergütung nicht abschreckend wirkt[96] (vgl. hierzu bereits Art. 28 Rn. 49). Empfehlenswert ist, Voraussetzungen für Kontrollen vor Ort zu vereinbaren (z. B. eine Vorlaufzeit oder die mengenmäßige Kontingentierung anlassloser Inspektionen[97]), damit der Betriebsablauf nicht unangemessen beeinträchtigt wird und die Vertraulichkeit gegenüber anderen Auftraggebern gewahrt bleibt. Diesbezüglich bietet es sich bei Auftragsverarbeitern, die gleichzeitig für mehrere Verantwortliche Verarbeitungen durchführen, an, Begehungen vor Ort von einer Vertraulichkeitsverpflichtung der kontrollierenden Personen abhängig zu machen. Diese Vertraulichkeitsverpflichtung sollte sich nicht nur auf dabei gewonnene Erkenntnisse über Sicherheitsmaßnahmen und weitere Betriebs- und Geschäftsgeheimnisse des Auftragsverarbeiters erstrecken, sondern auch auf Daten anderer Auftraggeber, die „beiläufig" zur Kenntnis ge-

95 Gola/Heckmann/*Klug*, Art. 28 Rn. 11; BeckOK Datenschutzrecht/*Spoerr*, Art. 28 Rn. 84 m. w. N.; Simitis/Hornung/Spiecker gen. Döhmann/*Petri*, Art. 28 Rn. 81; Koreng/Lachenmann/*Müller*, E.III. 5. Absatz.

96 *EDSA*, Leitlinien 07/2020, Version 2.0, Rn. 145.

97 *BayLfD*, Kurz-Information 6: Entgeltpflicht für Kontrollen bei der Auftragsverarbeitung? (Abrufbar unter: https://www.datenschutz-bayern.de/datenschutzreform2018/aki06.html, abgerufen am 19.02.2025).

nommen werden könnten, sofern sich dies organisatorisch nicht vermeiden lässt.

c) Informationspflichten (Abs. 3 UAbs. 2)

Der Auftragsverarbeiter informiert den Verantwortlichen unverzüglich, falls er der Auffassung ist, dass eine Weisung gegen die DSGVO oder gegen andere Datenschutzbestimmungen der Union oder der Mitgliedstaaten verstößt. Diese Vorgabe verpflichtet den Auftragsverarbeiter nicht dazu, alle Weisungen des Verantwortlichen auf ihre Rechtmäßigkeit hin zu überprüfen. Die Prüfung der Rechtmäßigkeit einer Weisung obliegt auch nach Auffassung der Aufsichtsbehörden ausschließlich dem Verantwortlichen.[98] **82**

Sollte er aber aufgrund seiner Branchen- und Fachkenntnis Zweifel haben, ob die beauftragte bzw. angewiesene Verarbeitung mit der DSGVO oder anderen Datenschutzbestimmungen der Union oder der Mitgliedstaaten im Einklang steht, hat er den Verantwortlichen unverzüglich zu informieren. **83**

Die DSGVO regelt nicht ausdrücklich, welche Konsequenzen ein erfolgter Hinweis für den Auftragsverarbeiter oder den Verantwortlichen hat. Daher empfiehlt der EDSA, die Folgen der Mitteilung einer rechtswidrigen Weisung vertraglich zu regeln.[99] Grundsätzlich ist im Lichte des Über-/Unterordnungsverhältnisses zwischen dem Verantwortlichen und dem Auftragsverarbeiter im Ergebnis davon auszugehen, dass der Auftragsverarbeiter auf die Rechtmäßigkeit der Weisung vertrauen darf, sofern der Verantwortliche nach erfolgtem Hinweis an dieser festhält und ein Rechtsverstoß oder eine schwerwiegende Persönlichkeitsrechtsverletzung nicht evident ist.[100] Darf der Auftragsverarbeiter demgemäß auf die Rechtmäßigkeit der Weisung vertrauen, dürfte seine Schadensersatzhaftung nach Art. 82 Abs. 2 S. 2 entfallen und auch seine bußgeldrechtliche Verantwortung dürfte jedenfalls hin- **84**

---

98 *EDSA*, Leitlinien 07/2020, Version 2.0, Rn. 148.

99 *EDSA*, Leitlinien 07/2020, Version 2.0, Rn. 149.

100 Simitis/Hornung/Spiecker gen. Döhmann/*Petri*, Art. 28 Rn. 83; Ehmann/Selmayr/*Bertermann/Peintinger*, Art. 28 Rn. 33; Paal/Pauly/*Martini*, Art. 28 Rn. 58; Kühling/Buchner/*Hartung*, Art. 28 Rn. 79; BeckOK Datenschutzrecht/*Spoerr*, Art. 28 Rn. 89.

ter die Bußgeldhaftung des anweisenden Verantwortlichen zurücktreten.[101]

85 Eine Checkliste zu den rechtlichen Minimalanforderungen an einen Auftragsverarbeitungsvertrag findet sich in Kapitel E dieses Kommentars.

5. Weitere Auftragsverarbeiter (Abs. 4)

86 Nimmt der Auftragsverarbeiter Dienste eines weiteren (Unter-)Auftragsverarbeiters in Anspruch, um bestimmte Verarbeitungstätigkeiten im Namen des Verantwortlichen auszuführen, so hat er diesem weiteren Auftragsverarbeiter im Wege eines Vertrags oder eines anderen Rechtsinstruments nach dem Unionsrecht oder dem Recht des betreffenden Mitgliedstaats dieselben Datenschutzpflichten aufzuerlegen, die in dem Vertrag oder anderen Rechtsinstrument zwischen dem Verantwortlichen und dem Auftragsverarbeiter gem. Abs. 3 festgelegt sind (vgl. hierzu bereits Art. 28 Rn. 47 ff.). Auch hierbei müssen hinreichende Garantien dafür geboten werden, dass die geeigneten technischen und organisatorischen Maßnahmen so durchgeführt werden, dass die Verarbeitung entsprechend den Anforderungen der DSGVO erfolgt. Kommt der weitere Auftragsverarbeiter seinen Datenschutzpflichten nicht nach, so haftet der erste Auftragsverarbeiter gegenüber dem Verantwortlichen für die Einhaltung der Pflichten jenes anderen Auftragsverarbeiters. Absatz 4 ist zusammen mit Absatz 2 zu sehen, demgemäß der Auftragsverarbeiter jeden weiteren Auftragsverarbeiter nur mit Genehmigung des Verantwortlichen einbeziehen darf, vgl. Art. 28 Rn. 38 ff.

87 Bei der vertraglichen Gestaltung mit weiteren Auftragsverarbeitern ist die Umsetzung der Nachweispflichten aus Abs. 3 lit. h zu bedenken und so zu regeln, dass auch der Verantwortliche in der Kette seiner Verantwortlichkeit gerecht werden kann. Eine eigene Kontrolle des Verantwortlichen bei weiteren Auftragsverarbeitern ist nicht erforderlich. Ausreichend ist eine Beauftragung externer Prüfer. Dies ist insbesondere bei Cloud-Dienstleistungen ein empfehlenswerter Weg.[102]

---

101 BeckOK Datenschutzrecht/*Spoerr*, Art. 28 Rn. 89 m. w. N.

102 Kühling/Buchner/*Hartung*, Art. 28 Rn. 78 m. w. N. auch zu Aufsichtsbehörden.

6. Faktoren für hinreichende Garantien (Abs. 5)

Die Einhaltung genehmigter Verhaltensregeln gem. Art. 40 oder eines genehmigten Zertifizierungsverfahrens gem. Art. 42 durch einen Auftragsverarbeiter kann als Faktor herangezogen werden, um hinreichende Garantien im Sinne der Abs. 1 und 4 nachzuweisen. **88**

Mit der expliziten Regelung in Abs. 5 unterstützt der Gesetzgeber die Verwendung von Zertifikaten und genehmigten Verhaltensregeln. Die Nachweispflicht umfasst mehr als lediglich die vereinbarten technischen und organisatorischen Maßnahmen, da der Auftragsverarbeiter nunmehr direkter Normadressat ist und er auch sein Compliance-System für die Einhaltung der datenschutzrechtlichen Bestimmungen gegenüber dem Auftraggeber/Verantwortlichen ggf. nachweisen und rechtfertigen muss. Zertifikate und genehmigte Verhaltensregeln werden daher mehr enthalten als nur technische und organisatorische Maßnahmen, insbesondere auch die Darstellung interner Prozesse zur Umsetzung der Anforderungen der DSGVO. Bislang sind von den deutschen Aufsichtsbehörden lediglich die „Verhaltensregeln für die Prüf- und Löschfristen von personenbezogenen Daten durch die deutschen Wirtschaftsauskunfteien" genehmigt worden.[103] **89**

Zertifizierungen und genehmigte Verhaltensregeln können gem. Abs. 5 jedoch ohnehin nur als „Faktor" herangezogen werden: **90**

Daraus ergibt sich, dass auch andere Dokumentationen und Unterlagen, sogar Zertifizierungen, die nicht den Anforderungen des Art. 42 entsprechen, durch den Auftragsverarbeiter vorgelegt und durch den Verantwortlichen bewertet werden können. Es steht den Vertragsparteien hier frei, sich in der Vereinbarung zur Auftragsvereinbarung zu verständigen über welche Unterlagen, Testate, Gütesiegel und Zertifizierungen dem Auftragsverarbeiter der Nachweis ermöglicht wird.

---

103 Eine Übersicht der von den Aufsichtsbehörden genehmigten Verhaltensregeln findet sich unter: https://datenschutzkonferenz-online.de/verhaltensregeln.html (abgerufen am 20.02.2025).

7. Standardvertragsklauseln zur Auftragsverarbeitung (Abs. 6 – 8)

91 Sowohl die Europäische Kommission (Abs. 7) als auch die Aufsichtsbehörden (Abs. 8) können Standardvertragsklauseln zur Auftragsverarbeitung festlegen. Dem Verantwortlichen und dem Auftragsverarbeiter steht es frei, sich aus diesen zu bedienen oder auch nur Teile daraus zu verwenden. Es gibt keinen Zwang zur Verwendung der jeweiligen Standardvertragsklauseln (Abs. 6). Die Standardvertragsklauseln der Kommission sind nach dem Prüfverfahren gem. Art. 93 Abs. 2 (der ursprüngliche Verweis auf Art. 87 Abs. 2 wurde als redaktioneller Verweisungsfehler über ein Corrigendum[104] geändert) mit Unterstützung durch einen Ausschuss aus Vertretern der Mitgliedstaaten (nicht zu verwechseln mit dem EDSA) zu erstellen. Die Standardvertragsklauseln der Aufsichtsbehörden unterliegen dem Kohärenzverfahren gem. Art. 63, um eine einheitliche Anwendung der Verordnung zu gewährleisten.

a) Verfahren der Kommission

92 In Abs. 7 wird die Kommission zur Festlegung von Standardvertragsklauseln hinsichtlich der in den Abs. 3 und 4 genannten Punkte ermächtigt. Auf die von der Kommission festgelegten Standardvertragsklauseln können Verantwortliche dann Bezug nehmen, wenn sie Auftragsverarbeitungsverhältnisse eingehen wollen.

93 Im Verfahren zum Erlass eines solchen Rechtsakts muss die Kommission einen Ausschuss beteiligen, der mit mitgliedstaatlichen Vertretern besetzt ist. Art. 28 Abs. 7 DSGVO verweist dazu auf das Prüfverfahren gem. Art. 93 Abs. 2 DSGVO i. V. m. Art. 5 VO (EU) Nr. 182/2011.[105]

---

104 *Council of the European Union*, Interinstitutional File: 2012/0011 (COD); 12399/16 vom 27.10.2016, abrufbar unter http://data.consilium.europa.eu/doc/document/ST-12399-2016-INIT/en/pdf (abgerufen am 20.02.2025).

105 Ausführlich zu den Verfahren nach Art. 93 DS-GVO Sydow/Marsch/*Sydow*, Art. 93 Rn. 18 ff.

b) Verschiedene Sets an Standardvertragsklauseln

Am 4.6.2021 hat die Kommission mit zwei Durchführungsbeschlüssen verschiedene Standardvertragsklauseln veröffentlicht. **94**

(1) Standardvertragsklauseln zwischen Verantwortlichen und Auftragsverarbeitern

Mit Durchführungsbeschluss vom 04.06.2021[106] hat die Europäische Kommission nunmehr Standardvertragsklauseln zwischen Verantwortlichen und Auftragsverarbeitern gemäß Abs. 7 veröffentlicht, welche die Anforderungen der Abs. 3 und 4 erfüllen.[107] Deren Verwendung ist jedoch nicht verpflichtend.[108] Gleichwohl kann sich die Verwendung der Klauseln durch die sich aus Abs. 7 ergebende Schutzwirkung lohnen. Durch die unveränderte Verwendung der Klauseln aus dem Komissionsbeschluss besteht Sicherheit, alle Anforderungen aus Art. 28 im Auftragsverarbeitungsvertrag abgebildet zu haben. Daneben kann ihre Verwendung gerade in komplexen Verarbeitungsketten mit mehreren – auch internationalen – (Unter-)Auftragsverarbeitern sinnvoll sein, um die jeweilige Weitergabe der Datenschutzpflichten sicherzustellen. Denn der Auftragsverarbeiter muss dem (bspw. europäischen) Subunternehmer gemäß Modul 3, Klausel 8.1 lit. d der Standardvertragsklauseln für internationale Datentransfers (siehe hierzu sogleich Rn. 98) vertraglich dieselben Datenschutzpflichten auferlegen, denen er selbst im Verhältnis zum Verantwortlichen unterliegt.[109] Um dieser Verpflichtung gegenüber dem Unterauftragsverarbeiter gerecht zu werden, könnte der Auftragsverarbeiter auf zwei Arten vorgehen: Zum einen könnte er für seine Vertragsbeziehung **95**

106 Durchführungsbeschluss (EU) 2021/915 der Kommission vom 4.6.2021 über Standardvertragsklauseln zwischen Verantwortlichen und Auftragsverarbeitern gemäß Artikel 28 Absatz 7 der Verordnung (EU) 2016/679 des Europäischen Parlaments und des Rates und Artikel 29 Absatz 7 der Verordnung (EU) 2018/1725 des Europäischen Parlaments und des Rates, ABl. L 199/18.

107 Die im Anhang des Durchführungsbeschlusses enthaltenen Standardvertragsklauseln sind abrufbar unter: https://commission.europa.eu/publications/standard-contractual-clauses-controllers-and-processors-eueea_en (abgerufen am 20.02.2025) sowie mit Ausfüllhinweisen im Kapitel E dieses Kommentars enthalten.

108 Dies betont auch der *EDSA*, Leitlinien 07/2020, Version 2.0, Rn. 106.

109 Vgl. *Voigt*, CR 2021, 458, 460 f.

zum Verantwortlichen ein eigenes Vertragsmuster entwerfen, das die Standardvertragsklauseln für internationale Datentransfers inhaltlich widerspiegelt. Zum anderen könnte er die Standardvertragsklauseln der Europäischen Kommission für Auftragsverarbeitungsverhältnisse nutzen. Es dürfte davon auszugehen sein, dass die jeweils von der Europäischen Kommission veröffentlichten Standardvertragsklauseln zwischen Verantwortlichen und Auftragsverarbeitern sowie die Standardvertragsklauseln für internationale Datentransfers inhaltlich aufeinander abgestimmt sind. Demnach sollte der Auftragsverarbeiter im Verhältnis zum Verantwortlichen die erstgenannten Klauseln verwenden werden können, ohne dass er sich gegenüber dem Subunternehmer vertragsbrüchig verhielte. Umgekehrt erleichtert die Verwendung von Standardvertragsklauseln dem Auftragsverarbeiter auch die nachträgliche Einbindung von Unterauftragsverarbeitern in Drittstaaten, da die Standardvertragsklauseln aufeinander abgestimmt sind.

96 Im Hinblick auf den Anwendungsbereich der Standardvertragsklauseln zwischen Verantwortlichen und Auftragsverarbeitern ist bemerkenswert, dass dieser gemäß Art. 2 des Entwurfs des Durchführungsbeschlusses[110] auf Konstellationen beschränkt war, in denen Auftraggeber sowie Auftragnehmer der DSGVO unterliegen, obwohl dies in der Praxis häufig nicht der Fall ist. So kann der Auftragsverarbeiter bspw. in einem sicheren Drittland niedergelassen sein, sodass die DSGVO nicht zwingend Anwendung auf ihn findet, der Abschluss der Drittlandtransfer-Standardvertragsklauseln aber dennoch nicht angezeigt ist. In der finalen Version des Durchführungsbeschlusses ist diese Beschränkung entfallen.

97 Durch Klausel 5 werden Mehrparteienverhältnisse abgedeckt („Kopplungsklausel") und Klausel 7.5 enthält die Bestimmung, dass der Auftragsverarbeiter im Falle der Verarbeitung sensibler Daten „spezielle Beschränkungen und/oder zusätzliche Garantien" anzuwenden hat. Im Entwurfsstadium war diesbezüglich noch ein Verweis auf einen Anhang V („Specific Restrictions and/or additional Safeguards concerning Data of special Category") vorgesehen, der allerdings in der

110 „The standard contractual clauses as set out in the Annex may be used in contracts between a controller and a processor who processes personal data on its behalf, where the controller and the processor are subject to Regulation (EU) 2016/679 or Regulation (EU) 2018/1725."

finalen Version mitsamt Anhang entfallen ist. In Anhang III findet sich eine Aufzählung der von den technischen und organisatorischen Maßnahmen abzudeckenden Bereiche.[111] Inhaltlich ist insbesondere hervorzuheben, dass die Standardvertragsklauseln gemäß Klausel 2 lit. a nicht geändert werden dürfen. Eine Änderung der Standardvertragsklauseln hätte jedoch lediglich das Entfallen der Genehmigung der Kommission (und der sich hieraus ergebenden Gewissheit der Rechtskonformität der vertraglichen Abrede) zur Folge; ungeachtet dessen läge freilich nach wie vor ein regulärer Auftragsverarbeitungsvertrag vor. Da die Vorgaben der DSGVO in den Klauseln insgesamt recht streng umgesetzt werden, ist die Unabänderbarkeit für den Auftraggeber vorteilhaft, wohingegen für bestimmte Auftragsverarbeiter (etwa globale Cloud-Anbieter) der Abschluss der Klauseln häufig nicht in Betracht kommen wird. Doch selbst wenn die Klauseln im konkreten Fall nicht genutzt werden, ist ihr Einfluss auf Verhandlungen über Auftragsverarbeitungsvereinbarungen nicht zu unterschätzen, da Marktteilnehmer teilweise argumentieren, die Standardvertragsklauseln hätten einen neuen Marktstandard etabliert.

(2) Standardvertragsklauseln für internationale Datentransfers

Zeitgleich mit den Standardvertragsklauseln zwischen Verantwortlichen und Auftragsverarbeitern wurden auch Standardvertragsklauseln für internationale Datentransfers veröffentlicht.[112] Auch diese Standardvertragsklauseln für internationale Datentransfers[113] stellen Klauseln im Sinne des Abs. 7 dar, soweit sie das Verhältnis zwischen Verantwortlichem und Auftragsverarbeiter (Modul 2) bzw. zwischen zwei Auftragsverarbeitern (Modul 3) betreffen. Beide Module erfüllen die Anforderungen des Abs. 3, weshalb der Abschluss einer zusätzlichen **98**

111 Für eine Übersicht der wichtigsten Regelungsinhalte der Standardvertragsklauseln siehe auch *Mullock/Jameson*, The other SCCs', abrufbar unter: https://sites-twobirds.vuture.net/104/10005/june-2021/the-other-sccs---new-art.-28-sccs-published.asp (abgerufen am 20.02.2025).

112 Durchführungsbeschluss (EU) 2021/914 der Kommission vom 04.06.2021 über Standardvertragsklauseln für die Übermittlung personenbezogener Daten an Drittländer gemäß der Verordnung (EU) 2016/679 des Europäischen Parlaments und des Rates, ABl. L 199/31.

113 Eingehend hierzu *Voigt*, CR 2021, 458; Spindler/Schuster/Kaesling/*Voigt* (i.Ersch.), DSGVO Art. 49 Rn. 1 ff.

Vereinbarung entbehrlich ist.[114] Insbesondere enthalten die Module in den Klauseln 14 und 15 ergänzende Garantien, die der Umsetzung des Schrems-II-Urteils des EuGH[115] dienen.[116]

c) Sonstige Vereinbarungsmuster

99 Der gem. Art. 64 Abs. 1 lit. d für die Abgabe von Stellungnahmen zur Festlegung von Standard-Datenschutzklauseln zuständige EDSA hat sich bisher mit den Entwürfen nach Abs. 8 der dänischen, der slowenischen sowie der litauischen Aufsichtsbehörde befasst und diese jeweils als anpassungsbedürftig eingeschätzt.[117] Nach Umsetzung der entsprechenden Empfehlungen des EDSA können die Entwürfe indes als Standardvertragsklauseln verwendet werden, ohne dass es einer weiteren Annahme durch die Europäische Kommission bedürfte.

100 Aus dem nationalen privaten Sektor haben insbesondere die Gesellschaft für Datenschutz und Datensicherheit (GDD) sowie der Bitkom Musterverträge zur Auftragsverarbeitung[118] veröffentlicht. Eine unverbindliche Formulierungshilfe für Behörden hat zudem das Bayerische Landesamt für Datenschutzaufsicht entworfen.[119]

---

114 *Voigt*, CR 2021, 458, 460 f.

115 EuGH, Urt. v. 16.07.2020, Rs. C-311/18 – Schrems II.

116 Hierzu *Voigt*, CR 2021, 458, 461 ff.

117 Eine Übersicht der Stellungnahmen findet sich unter: https://edpb.europa.eu/our-work-tools/our-documents/topic/standard-contract_de?field_edpb_topics_target_id%5B%5D=177&field_edpb_member_states_target_id=All (abgerufen am 20.02.2025).

118 Mustervertrag zur Auftragsverarbeitung der *GDD* abrufbar unter: https://www.gdd.de/wp-content/uploads/2023/06/20210622-Mustervertrag-zur-Auftragsverarbeitung-DS-GVO-Vers.-2.1.docx (aufgerufen am 26.02.2025); Mustervertrag des *Bitkom* abrufbar unter: https://www.bitkom.org/sites/default/files/file/import/170515-Auftragsverarbeitung-Anlage-Mustervertrag-online.pdf (abgerufen am 20.02.2025).

119 *BayLDA*, Formulierungshilfe für einen Auftragsverarbeitungsvertrag, https://www.lda.bayern.de/media/muster/formulierungshilfe_av.pdf (abgerufen am 26.02.2025).

8. Formvorschriften (Abs. 9)

Nach Abs. 9 ist der Vertrag schriftlich oder in elektronischer Form abzuschließen. Fraglich ist, ob dies eine zwingende Formvorschrift ist, deren Nichtbeachtung die Unwirksamkeit der Vereinbarung zur Folge hat. **101**

Abs. 9 dient vor allem der Transparenz und der Rechenschafts- und Nachweispflicht der Art. 5 Abs. 2 und 24 Abs. 1.[120] Das Schriftformerfordernis ist nicht auf die Regelungen des BGB ausgerichtet. Gewollt ist eine Beweismöglichkeit der vereinbarten Regelungen.[121] Zudem enthält das EU-Recht keine Definition des Begriffs „schriftlich". Ein Rückgriff auf die Auslegung des BGB (§§ 126, 126a BGB) bietet sich nicht an, da es um die autonome Auslegung des EU-Rechts geht und hier ein Primat der teleologischen Auslegung besteht.[122] Letztendlich ergeben sich daraus keine Formanforderungen, die bis zur Nichtigkeit einer Vereinbarung führen können (vgl. § 125 BGB), sondern lediglich die Anforderung, durch die Form der abgeschlossenen Vereinbarung auch den Nachweis der Vereinbarung erbringen zu können – sei es schriftlich (Textform) oder elektronisch.[123] **102**

Auch deutet die Variante eines elektronischen Formats an, dass damit nicht die ansonsten mit einer strengen Schriftform verbundene Schutz- und Warnfunktion einer „schwächeren" Vertragspartei erreicht werden soll, sondern nur eine Beweiserleichterung.[124] Zudem enthält die DSGVO weder eine gesonderte Regelung, die als Rechtsfolge die Unwirksamkeit des Vertrags vorsieht, noch eine Öffnungsklausel, die eine Anwendung nationaler Rechtsfolgen wie § 125 BGB zulassen würde. Daher ist davon auszugehen, dass ein Verstoß gegen **103**

---

120 *Albrecht/Jotzo*, S. 98; *Eckhardt*, CCZ 2017, 111, 116.

121 *Albrecht/Jotzo*, S. 98.

122 Ehmann/Selmayr/*Selmayr/Ehmann*, Einleitung, Rn. 99; Kühling/Buchner/*Hartung*, Art. 28 Rn. 95.

123 Für die Nichtigkeit als Folge eines Formverstoßes argumentierend, das Ergebnis letztlich aber offenlassend BeckOK Datenschutzrecht/*Spoerr*, Art. 28 Rn. 101 f.; zustimmend Taeger/Gabel/*Gabel/Lutz*, Art. 28 Rn. 72.

124 a. A. BeckOK Datenschutzrecht/*Spoerr*, Art. 28 Rn. 101, der angesichts des von Art. 17 Abs. 4 der Richtlinie 95/46/EG abweichenden Wortlauts von einer über die Beweissicherung hinausgehenden Funktion des Formerfordernisses ausgeht.

die Form aus Art. 28 Abs. 9 die üblichen Rechtsfolgen für Verstöße gegen die DSGVO auslöst. Die Verletzung der Formanforderung kann somit nach den allgemeinen Regeln der DSGVO zur Verhängung eines Bußgeldes gegen den Verantwortlichen oder den Auftragsverarbeiter führen.[125] Auch der EDSA geht folgerichtig davon aus, dass die Schriftform nicht darüber entscheidet, ob ein Vertragsverhältnis zwischen Verantwortlichem und Auftragsverarbeiter besteht.[126]

104 Um der elektronischen Form zu genügen, dürfte eine E-Mail ausreichen. Auf das Erfordernis einer qualifiziert elektronischen Signatur kann verzichtet werden.[127] Die allgemeinen Grundlagen zum Nachweis eines Vertragsabschlusses über zwei übereinstimmende Willenserklärungen mit den üblichen Beweislastregelungen werden genügen. Beide Vertragspartner haben ein Eigeninteresse, die nach Art. 28 vereinbarten Inhalte belegen zu können: Der Verantwortliche, um der Rechenschafts- und Nachweispflicht der Art. 5 Abs. 2 und 24 Abs. 1 zu genügen, und der Auftragsverarbeiter, um daraus den Nachweis der Befugnis zur Verarbeitung abzuleiten.[128]

105 Demnach könnte ein Vertrag über eine Auftragsverarbeitung auch online über ein Formular abgeschlossen werden. Relevant ist für beide Vertragsparteien nur, dass sie dabei ihrer Nachweispflicht nachkommen können, so dass für beide Vertragsparteien eine Verkörperung des vereinbarten Inhalts bspw. durch Ausdrucken oder Herunterladen möglich sein muss.

106 Ein Nachweis kann daher auch über einen online abgeschlossenen Vertrag erbracht werden, bspw. durch eine Annahme über einen „Klick", der entsprechend für beide Vertragsparteien nachweisbar erfolgte. Zudem sollte durch eine Bestätigungsmail an eine authentifizierte Emailadresse oder vergleichbare anderweitige Zugangsmög-

---

125 So auch *EDSA*, Leitlinien 07/2020, Version 2.0, Rn. 103.

126 a. a. O., dort insbesondere in Fn. 42: „Das Vorhandensein (oder Fehlen) einer schriftlichen Vereinbarung ist jedoch für das Bestehen einer Beziehung zwischen Verantwortlichem und Auftragsverarbeiter nicht entscheidend."

127 Kühling/Buchner/*Hartung*, Art. 28 Rn. 96; Gola/Heckmann/*Klug*, Art. 28 Rn. 12.

128 Vgl. *Voigt*, Räumliche Anwendbarkeit der DSGVO auf Auftragsverarbeiter im Drittland, S. 17 f.

lichkeit des Auftraggebers einer missbräuchlichen Nutzung dieser Abschlussmöglichkeit entgegengewirkt werden.

9. Auftragsverarbeiter als Verantwortlicher (Abs. 10)

Unbeschadet der Regelungen zur Haftung (Art. 82), zum Bußgeld **107** (Art. 83) und zu Sanktionen (Art. 84) gilt ein Auftragsverarbeiter, der unter Verstoß gegen die DSGVO die Zwecke und Mittel der Verarbeitung bestimmt, in Bezug auf diese Verarbeitung als Verantwortlicher. Dies folgt daraus, dass der Verantwortliche Zwecke und Mittel selbst bestimmt, vgl. Art. 4 Nr. 7. Ein Auftragsverarbeiter, der über die Mittel (mit-)bestimmt, muss noch nicht deswegen zum Verantwortlichen werden, zumal die Vorgabe der Mittel in jedweder Detailtiefe keinen Aspekt einer vertraglichen Regelungsaufgabe nach Abs. 3 darstellt, vgl. Art. 4 Nr. 8 Rn. 16.

Erst wenn der Auftragsverarbeiter selbst den Zweck einer Verarbei- **108** tung personenbezogener Daten festlegt, der ausschließlich ihm dient, wird man von dem Wechsel vom Auftragsverarbeiter zum Verantwortlichen ausgehen müssen.[129] So wird bspw. ein Auftragsverarbeiter, der eine Datei mit personenbezogenen Daten bei Eingang auf Virenbefall scannt, nicht deswegen zum Verantwortlichen, weil diese Leistung nicht explizit im Leistungsauftrag formuliert war. Gleiches wird auch gelten, wenn der Dienstleister Erfahrungen aus dem Auftrag mit personenbezogenen Daten für andere Tätigkeiten nutzt, solange die dadurch tangierten personenbezogenen Daten nicht einem Zweck außerhalb der Beauftragung zugeführt werden.

Es lässt sich vertreten, dass der Auftragsverarbeiter nicht zum Ver- **109** antwortlichen wird, wenn er vom Auftraggeber angewiesen wird, die Daten zu anonymisieren, um sie dann anschließend für eigene Zwecke zu verwenden (wie es gerade bei Auswertungen der Dienstnutzung durch Software-as-a-Service-Anbieter häufig der Fall ist). Nach Vornahme der Anonymisierung liegen keine personenbezogenen Daten mehr vor, so dass die DSGVO gar nicht mehr gilt (EG 26 i. V. m. Art. 2 Abs. 1). Demgegenüber könnte jedoch argumentiert werden, dass auch die Anonymisierung als solche eine Verarbeitung darstelle, die – un-

129 Vgl. *EDSA*, Leitlinien 07/2020, Version 2.0, Rn. 81.

geachtet des Vorhandenseins einer entsprechenden Weisung – de facto zu (eigenen) Auswertungszwecken des Auftragsverarbeiters erfolge.

VI. Umsetzung in die Praxis

1. Rechtsfolgen bei Verstößen

110 Einer Verarbeitung durch einen Dienstleister kann ohne eine Vereinbarung, die den Anforderungen des Art. 28 genügt, eine ausreichende Rechtsgrundlage fehlen.[130] Der Verantwortliche muss ohne eine solche nachweisfähige Vereinbarung zur Auftragsverarbeitung – und damit ohne Privilegierungswirkung für die Weitergabe (vgl. Art. 4 Nr. 8 Rn. 14 ff.) – eine Rechtsgrundlage aus Art. 6, 9, 10, 22 und/oder 44 ff. darlegen. Der Auftragsverarbeiter ist darauf angewiesen, dass dem Verantwortlichen dies gelingt, was für beide ein sehr hohes Risiko angesichts der Sanktionsmöglichkeiten darstellt. Der Auftragsverarbeiter ist dann als Verantwortlicher zu behandeln, der auch die Betroffenenrechte in eigener Verantwortlichkeit erfüllen muss und den Rechenschafts- und Nachweispflichten der Art. 5 Abs. 2 und 24 Abs. 1 mit all ihren Ausprägungen in Kapitel III und IV DSGVO unterliegt.

111 Hinsichtlich der Rechtsfolgen muss allerdings differenziert werden, ob bei einer Vereinbarung über die Auftragsverarbeitung lediglich einzelne Vorgaben der Abs. 3 und 4 unzureichend abgebildet wurden oder, ob überhaupt keine Vereinbarung über die Auftragsverarbeitung abgeschlossen wurde. Es wird sich bspw. auf die Wirksamkeit einer Vereinbarung zur Auftragsverarbeitung nicht auswirken, wenn der Verantwortliche die Kategorien betroffener Personen nicht alle korrekt aufgeführt hat, solange sich aus dem Vertrag ergibt, welcher Personenkreis vom Regelungsgehalt erfasst sein soll.

112 Daneben besteht bei Verstößen, die einen materiellen oder immateriellen Schaden für den Betroffenen zur Folge haben, ein Schadensersatzanspruch des Geschädigten nach Art. 82. Hierbei ist zu beachten, dass dieser auch gegenüber dem Auftragsverarbeiter direkt geltend gemacht werden kann. Dieser haftet nach Art. 82 Abs. 2 Satz 2 jedoch

---

130 Kühling/Buchner/*Hartung*, Art. 28 Rn. 101.

nur, „wenn er seinen speziell den Auftragsverarbeitern auferlegten Pflichten aus dieser Verordnung nicht nachgekommen ist oder unter Nichtbeachtung der rechtmäßig erteilten Anweisungen des für die Datenverarbeitung Verantwortlichen oder gegen diese Anweisungen gehandelt hat“.

Gegen den Verantwortlichen können auch für Verarbeitungsvorgänge, die der Auftragsverarbeiter durchgeführt hat, Bußgelder verhängt werden.[131] Dies begründet der EuGH damit, dass der Verantwortliche auch für die Verarbeitung durch einen Auftragsverarbeiter verantwortlich sei.[132] Für ein eigenmächtiges Verhalten des Auftragsverarbeiters, d. h. insbesondere für die Verarbeitung zu eigenen Zwecken oder mit Mitteln jenseits des mit dem Verantwortlichen vereinbarten Rahmens, soll der Verantwortliche nicht haften müssen.[133] **113**

2. Sanktionen

Ein Verstoß gegen die Pflichten des Art. 28 kann mit Geldbußen von bis zu 10.000.000 EUR oder im Fall eines Unternehmens von bis zu 2 % seines gesamten weltweit erzielten Jahresumsatzes des vorangegangenen Geschäftsjahrs geahndet werden, je nachdem, welcher der Beträge höher ist (Art. 83 Abs. 4 lit. a). Verstößt ein Verantwortlicher oder ein Auftragsverarbeiter bei gleichen oder miteinander verbundenen Verarbeitungsvorgängen vorsätzlich oder fahrlässig gegen mehrere Bestimmungen der DSGVO, so darf der Gesamtbetrag der Geldbuße den Betrag für den schwerwiegendsten Verstoß nicht übersteigen (Art. 83 Abs. 3). **114**

3. Rechtsschutz

Für Streitigkeiten zwischen dem Verantwortlichen und dem Auftragsverarbeiter über Verletzungen aus der Vereinbarung zur Auftragsverarbeitung sind die jeweiligen Gerichte der Mitgliedsstaaten zuständig. Betroffene Personen haben nach Art. 77 die Möglichkeit, ihr Recht auf **115**

131 EuGH, Urt. v. 05.12.2023 – C-683/21, Rn. 83 ff. = ZD 2024, 209, 213 f.
132 a. a. O., Rn. 84.
133 a. a. O., Rn. 85.

Beschwerde bei einer Aufsichtsbehörde oder über Art. 79 ihr Recht auf einen wirksamen gerichtlichen Rechtsbehelf gegen den Verantwortlichen oder Auftragsverarbeiter auszuüben.

116 Betroffene Personen können neben der Geltendmachung von Rechten aus Kapitel III DSGVO auch direkt gegen den Verantwortlichen oder den Auftragsverarbeiter vorgehen, wenn sie glauben, durch deren Verarbeitung in ihren Persönlichkeitsrechten verletzt zu sein. Die Anspruchsgrundlage bspw. für einen Unterlassungsanspruch findet sich in diesen Fällen in §§ 823 i. V. m. 1004 BGB.

D. Kommentierung zu Artikel 29

I. Gesetzestext

Artikel 29 1
Verarbeitung unter der Aufsicht des Verantwortlichen oder des Auftragsverarbeiters

Der Auftragsverarbeiter und jede dem Verantwortlichen oder dem Auftragsverarbeiter unterstellte Person, die Zugang zu personenbezogenen Daten hat, dürfen diese Daten ausschließlich auf Weisung des Verantwortlichen verarbeiten, es sei denn, dass sie nach dem Unionsrecht oder dem Recht der Mitgliedstaaten zur Verarbeitung verpflichtet sind.

II. Bedeutung der Norm

Die Norm regelt nicht nur die strikte Weisungsabhängigkeit des Auftragsverarbeiters und der diesem unterstellten Personen, sondern auch der Personen, die dem Verantwortlichen unterstellt sind. Sie setzt den grundrechtswahrenden Anspruch der DSGVO direkt um, indem hinsichtlich des Schutzes der Rechte und Freiheiten des Betroffenen sichergestellt wird, dass eine Verarbeitung außerhalb der Weisung des Verantwortlichen nur auf Basis einer Verpflichtung zur Verarbeitung nach dem Unionsrecht oder dem Recht der Mitgliedstaaten erfolgt. 2

III. Hinweise für den Anwender

Über diese Regelung wird auch der Verantwortungsbereich für die Rechtmäßigkeit des Handelns und für die Haftungsmaßstäbe des Verantwortlichen und des Auftragsverarbeiters definiert. Der Haftungsbereich des Auftragnehmers ist eröffnet, wenn er unter Nichtbeachtung einer rechtmäßig erteilten Anweisung des Verantwortlichen oder entgegen der Anweisung gehandelt hat (Art. 82 Abs. 2 S. 2). 3

4 Für die Auslegung der Norm relevante Erwägungsgründe:
- Der EG 79 verweist auf den Schutzbereich der Rechte und Freiheiten der Betroffenen für diese Anforderung.

5 Systematische Einordnung der Norm innerhalb der DSGVO:
- Die Norm ergänzt die Weisungsvorgaben des Art. 28 Abs. 3, denen der Auftragsverarbeiter unterliegt. Sie legt auch für die Mitarbeiter des Verantwortlichen und des Auftragsverarbeiters eine weisungsabhängige Verarbeitung fest und bindet diese in die Pflichterfüllung des Verantwortlichen und des Auftragsverarbeiters ein.

6 Vorgängernorm im BDSG a. F.:
- Eine gleichwertige Norm gab es im BDSG a. F. nicht. Allerdings ließ sich der Regelungsinhalt für den Auftragsverarbeiter über § 11 Abs. 3 S. 1 BDSG a. F. und für die dem Verantwortlichen und dem Auftragsverarbeiter unterstellten Personen über § 5 BDSG a. F. erschließen.

7 Vorgängernorm in der RL 95/46:
- Art. 16 RL 95/46 hat den inhaltsgleichen Regelungsgehalt. Art. 17 Abs. 3 erster Spiegelstrich RL 95/46/EG regelt die Weisungsabhängigkeit des Auftragsverarbeiters

IV. Allgemeines

1. Regelungszweck

8 In dieser Norm wird das Weisungsrecht des Verantwortlichen geregelt. Er bestimmt Zweck und Mittel der Verarbeitung. Die ihm unterstellten Personen sowie der Auftragsverarbeiter und die diesem unterstellten Personen haben die Verarbeitung ausschließlich nach Weisungen des Verantwortlichen umzusetzen.

2. Normadressaten

9 Die Norm richtet sich direkt an die folgenden Personengruppen:

– Auftragsverarbeiter;
– dem Verantwortlichen unterstellte Personen;
– dem Auftragsverarbeiter unterstellte Personen.

Voraussetzung für die Anwendung der Norm ist, dass die Personengruppen Zugang zu personenbezogenen Daten im Verantwortungsbereich des Verantwortlichen haben. **10**

Mittelbar richtet sich die Norm auch an den Unionsgesetzgeber bzw. an die mitgliedstaatlichen Gesetzgeber. Wenn und soweit die weisungsunterworfenen Personen durch Unionsrecht oder durch mitgliedstaatliches Recht zur Verarbeitung verpflichtet sind, ist das Weisungsrecht des Verantwortlichen dispensiert. Hierbei handelt es sich allerdings nicht um eine echte, sondern lediglich um eine unechte fakultative Öffnungsklausel.[134] **11**

3. Systematik

Die Norm ergänzt die Weisungsvorgaben des Art. 28 Abs. 3, denen der Auftragsverarbeiter unterliegt. Sie legt auch für die Mitarbeiter des Verantwortlichen und des Auftragsverarbeiters eine weisungsabhängige Verarbeitung fest und bindet diese in die Pflichterfüllung des Verantwortlichen und des Auftragsverarbeiters ein. **12**

Art. 29 findet sich in Kapitel IV „Verantwortliche und Auftragsverarbeiter" und ergänzt die Aussagen in Art. 24 Abs. 1, wonach der Verantwortliche organisatorische Maßnahmen zu treffen hat, um sicherzustellen, dass die Verarbeitung DSGVO-konform erfolgt. Eine Maßnahme, um dieser Verantwortung gerecht zu werden, ist weisungskonformes Verhalten der dem Verantwortlichen unterstellten Personen. Im Verhältnis zum Auftragsverarbeiter gibt Art. 28 Abs. 3 S. 2 lit. a dem Verantwortlichen vor, die Verarbeitung durch den Auftragsverarbeiter nur auf Basis dokumentierter Weisungen zu vereinbaren. Sowohl Verantwortlicher als auch Auftragsverarbeiter sind Adressaten der Vorgaben zur Sicherheit der Verarbeitung nach Art. 32 Abs. 1 und müssen entsprechende technische und organisatorische Maßnahmen treffen, um ein dem Risiko (für die Rechte und Freiheiten **13**

134 Kühling/Buchner/*Hartung*, Art. 29 Rn. 21; Paal/Pauly/*Martini*, Art. 29 Rn. 30.

der natürlichen Person) angemessenes Schutzniveau zu gewährleisten. Eine organisatorische Maßnahme ist die Sicherstellung, dass eingesetztes Personal die internen Vorgaben zur Datenverarbeitung kennt und beachtet. Hervorgehoben wird dies noch durch die Konkretisierung in Art. 32 Abs. 4, die sich explizit an den Verantwortlichen und den Auftragsverarbeiter richtet und Schritte erforderlich macht, die sicherstellen, dass ihnen unterstellte natürliche Personen, die Zugang zu den Daten haben, diese nur entsprechend den Anweisungen des Verantwortlichen verarbeiten. Im Unterschied zu Art. 28 Abs. 3 S. 2 lit. a und Art. 32 Abs. 4 sieht Art. 29 nicht nur die vertragliche Regelung der Weisungsgebundenheit vor, sondern verpflichtet die Normadressaten unmittelbar gesetzlich.[135]

14 Durch die systematische Stellung der Norm und den expliziten Adressatenkreis verdeutlicht Art. 29 die Bedeutung der Weisungsabhängigkeit für die Sicherstellung der Einhaltung der DSGVO-Konformität der Auftragsverarbeitung.

4. Entstehungsgeschichte

a) Frühere europäische Vorgaben

15 Bereits in Art. 16 RL 95/46 fand sich unter der Überschrift „Vertraulichkeit der Verarbeitung" eine vergleichbare Vorgabe. Danach durften Personen, die dem Verantwortlichen oder dem Auftragsverarbeiter unterstellt waren und Zugang zu personenbezogenen Daten hatten, sowie der Auftragsverarbeiter selbst personenbezogene Daten nur auf Weisung des Verantwortlichen verarbeiten, es sei denn, es bestanden gesetzliche Verpflichtungen.

b) Frühere nationale Vorgaben

16 Im BDSG a. F. gab es für den Auftragnehmer in § 11 Abs. 3 S. 1 die Regelung, dass er die Daten nur im Rahmen der Weisungen des Auftraggebers erheben, verarbeiten und nutzen durfte. Darüber hinaus wurde dem Auftraggeber in § 11 Abs. 2 S. 2 Nr. 9 BDSG a. F. auferlegt,

---

135 Taeger/Gabel/*Lutz/Gabel*, Art. 29 Rn. 2; Simitis/Hornung/Spiecker gen. Döhmann/*Petri*, Art. 29 Rn. 5.

den Umfang der Weisungsbefugnisse, die sich der Auftraggeber gegenüber dem Auftragnehmer vorbehielt, vertraglich festzulegen.

c) Verhandlungen zur DSGVO

Bereits Art. 27 des Entwurfs der Kommission enthielt eine inhaltlich 17
mit der finalen Fassung übereinstimmende Vorgabe.[136] Sie entsprach weitgehend dem früheren Art. 16 RL 95/46, konkretisierte aber – ohne inhaltliche Veränderung – die Ausnahme für Verarbeitungen aufgrund gesetzlicher Verpflichtungen. Das Parlament sah in diesem Punkt keine Änderungen gegenüber dem Kommissionsentwurf vor.[137] Der Rat strich Art. 27 in seinem Entwurf und positionierte stattdessen eine Regelung zur weisungsabhängigen Verarbeitung in den Vorgaben zur Sicherheit der Verarbeitung (damaliger Art. 30 Abs. 2b[138]). Der Ratsentwurf sah somit keine unmittelbare gesetzliche Weisungsgebundenheit vor, sondern verpflichtete Verantwortliche und Auftragsverarbeiter, entsprechende Schritte vorzunehmen, um die Weisungsgebundenheit sicherzustellen. Im Trilog wurden dann sowohl der Vorschlag der Kommission in Art. 29 als auch der Vorschlag des Rats in Art. 32 Abs. 4 der finalen Fassung übernommen. Lediglich die ungenaue Übersetzung des Kommissionsentwurfs, die die unterstellten Personen vor dem Auftragsverarbeiter nannte, wurde für die offizielle Sprachfassung angepasst.

---

136 Vorschlag der Europäischen Kommission vom 25.01.2012, KOM(2012) 11 endgültig; 2012/0011 (COD): „Personen, die dem für die Verarbeitung Verantwortlichen oder dem Auftragsverarbeiter unterstellt sind und Zugang zu personenbezogenen Daten haben, sowie der Auftragsverarbeiter selbst dürfen personenbezogene Daten nur auf Anweisung des für die Verarbeitung Verantwortlichen verarbeiten, sofern sie keinen anders lautenden, aus dem Unionsrecht oder dem mitgliedstaatlichen Recht erwachsenden Pflichten unterliegen."

137 Legislative Entschließung des Europäischen Parlaments vom 12.03.2014, COM(2012)0011 – C7-0025/2012 – 2012/0011(COD).

138 Kompromisstext des Europäischen Rats vom 11.06.2015, 9565/15, 2012/2011 (COD): „Der für die Verarbeitung Verantwortliche und der Auftragsverarbeiter unternehmen Schritte, um sicherzustellen, dass ihnen unterstellte Personen, die Zugang zu personenbezogenen Daten haben, diese nur auf Anweisung des für die Verarbeitung Verantwortlichen verarbeiten, es sei denn, sie sind nach Unionsrecht oder mitgliedstaatlichem Recht zur Verarbeitung verpflichtet."

V. Inhalt der Norm

1. Weisungsunterworfene Personen

18 Der Verantwortliche legt durch seine Weisungen gegenüber den weisungsunterworfenen Personen die Verarbeitungsvorgänge fest.

a) Auftragsverarbeiter

19 Der Auftragsverarbeiter ist in Art. 4 Nr. 8 definiert. Es sind nicht nur natürliche und juristische Personen umfasst, sondern auch Behörden, Einrichtungen oder andere Stellen, die im Auftrag des Verantwortlichen personenbezogene Daten verarbeiten.

b) Dem Verantwortlichen unterstellte Personen

20 Zum Begriff der „unterstellten Person" gibt es in der DSGVO keine Definition. Dem Verantwortlichen unterstellt können alle Personen sein, denen der Verantwortliche rechtlich verbindliche Weisungen zu erteilen in der Lage ist.[139] Das betrifft somit neben den Arbeitnehmern[140] auch Auszubildende, Praktikanten und beim Verantwortlichen eingesetzte Leiharbeitnehmer.[141] Auch Personen, die nicht Arbeitnehmer des Verantwortlichen sind, sondern im Rahmen eines Werkvertrags für ihn tätig werden, können als „unterstellte Personen" umfasst sein.[142] Ein Beispiel für solche durch einen Werkvertrag „unterstellte Personen" kann externes Reinigungspersonal sein, das in Büroräumen Zugang zu personenbezogenen Daten erhält, obwohl dies explizit nicht von der werkvertraglichen Leistung umfasst ist. In diesen Fällen könnte im Werkvertrag vereinbart sein, wie mit trotz „Clean desk"-Prinzips offenliegenden Unterlagen umzugehen ist. Bei freien

---

139 Kühling/Buchner/*Hartung*, Art. 29 Rn. 12; Paal/Pauly/*Martini*, Art. 29 Rn. 15; Taeger/Gabel/*Lutz/Gabel*, Art. 29 Rn. 9; abweichend Spindler/Schuster/*Nink*, Art. 29 Rn. 4, die ein Direktionsrecht nicht voraussetzt, sondern eine „gewisse Kontrollmöglichkeit" genügen lässt.

140 EuGH, Urt. v. 11.04.2024, C-741, Rn. 49 = NJW 2024, 1561, 1563 – GP/juris.

141 Taeger/Gabel/*Lutz/Gabel*, Art. 29 Rn. 9; zur Unterscheidung von „unterstellten Personen" und Unter-Auftragsverarbeitern beim Einsatz von externem Personal *Schröder*, K&R 2023, 327; *Schütt/Seidel*, DSB 2022, 80.

142 Paal/Pauly/*Martini*, Art. 29 Rn. 14; Taeger/Gabel/*Lutz/Gabel*, Art. 29 Rn. 9.

Mitarbeitern kommt es auf die konkrete Ausgestaltung der Vertragsbeziehung an. Die datenschutzrechtliche Weisungsbindung ist unabhängig von der arbeitsrechtlichen Weisungsbefugnis zu beurteilen.[143]

c) Dem Auftragsverarbeiter unterstellte Personen

Auch beim Auftragsverarbeiter kann die Zuordnung der unterstellten **21** Personen entsprechend wie beim Verantwortlichen erfolgen: Neben seinen eigenen Arbeitnehmern zählen hierzu Auszubildende, Praktikanten sowie eingesetzte Leiharbeitnehmer.[144]

Zu den Personen, die dem Auftragsverarbeiter unterstellt sind, steht **22** der Verantwortliche im Regelfall in keinem direkten Vertragsverhältnis. Aus dem Wortlaut des Art. 29 lässt sich zudem nicht entnehmen, dass dem Verantwortlichen ein direktes Weisungsrecht gegenüber den dem Auftragsverarbeiter unterstellten Personen zustehen soll.[145] Vielmehr enthält die Norm insofern lediglich eine gesetzliche (mittelbare) Weisungsbindung[146], die sich entlang der Vertragskette vollzieht[147]. Dass der Verantwortliche den Auftragsverarbeiter im Vertrag nach Art. 28 Abs. 3 i. V. m. Abs. 9 verpflichtet, eine entsprechende Regelung mit den ihm unterstellten Personen zu treffen, ist indes nicht erforderlich. Nach Maßgabe des Art. 32 Abs. 4 ist der Auftragsverarbeiter bereits kraft Gesetzes dazu verpflichtet, die Bindung ihm unterstellter Personen an Weisungen des Verantwortlichen sicherzustellen.

2. Zugang zu personenbezogenen Daten

Voraussetzung für die Weisungsunterworfenheit ist, dass die Personen **23** Zugang zu personenbezogenen Daten haben. Entscheidend ist die tatsächliche Zugangsmöglichkeit, nicht die aufgabenbezogene Zugangsmöglichkeit. Auch der für die konkrete Verarbeitung nicht vorgese-

---

143 Ehmann/Selmayr/*Bertermann*, Art. 29 Rn. 6; *Schröder*, K&R 2023, 327, 327 f.; *Schütt/Seidel*, DSB 2022, 80, 82 f.

144 Paal/Pauly/*Martini*, Art. 29 Rn. 14; Taeger/Gabel/*Lutz/Gabel*, Art. 29 Rn. 9.

145 Taeger/Gabel/*Lutz/Gabel*, Art. 29 Rn. 10; Paal/Pauly/*Martini*, Art. 29 Rn. 22b; a. A. Kühling/Buchner/*Hartung*, Art. 29 Rn. 10 sowie wohl auch Spindler/Schuster/*Nink*, Art. 29 Rn. 8.

146 Paal/Pauly/*Martini*, Art. 29 Rn. 22b.

147 Taeger/Gabel/*Lutz/Gabel*, Art. 29 Rn. 10.

hene Mitarbeiter des Verantwortlichen oder des Auftragsverarbeiters unterliegt den strengen Weisungsvorgaben des Verantwortlichen.

3. Sicherstellung der Weisungsbindung

24 Nach Art. 32 Abs. 4 müssen Verantwortliche und Auftragsverarbeiter Schritte unternehmen, um sicherzustellen, dass Arbeitnehmer ihre Weisungen einhalten. In Zusammenschau von Art. 29 und Art. 32 Abs. 4 ergibt sich eine Pflicht für Verantwortliche und Auftragsverarbeiter, sich zu vergewissern, dass ihre Weisungen von unterstellten Personen korrekt ausgeführt werden.[148]

25 Insbesondere im Rahmen von Arbeitsverhältnissen wird die Weisungsbindung unterstellter Personen bereits unmittelbar durch das Weisungsrecht des Arbeitgebers aus § 106 GewO abgesichert. Der Auftragsverarbeiter hat nach Maßgabe des Art. 28 Abs. 3 S. 2 lit. b daneben zu gewährleisten, dass sich die zur Datenverarbeitung befugten Personen zur Vertraulichkeit verpflichtet haben oder einer angemessenen gesetzlichen Verschwiegenheitspflicht unterliegen.[149] Da § 5 S. 2 BDSG a. F. ersatzlos entfallen ist, ist eine Verpflichtung der bei der Datenverarbeitung beschäftigten Personen auf das Datengeheimnis zumindest nicht mehr ausdrücklich gesetzlich vorgeschrieben. Sie ist somit nicht mehr zwingend, wird von den Aufsichtsbehörden aber weiterhin empfohlen. Für die Verpflichtung von Beschäftigten auf die Beachtung des Datenschutzrechts haben die deutschen Aufsichtsbehörden ein Musterformular veröffentlicht.[150]

26 Darüber hinaus hat der Verantwortliche gemäß Art. 24 Abs. 1 durch geeignete Maßnahmen sicherzustellen, dass die Verarbeitung DSGVO-konform erfolgt. Diese Nachweispflicht bezieht sich auch auf die Einhaltung der DSGVO durch unterstellte Personen.[151] Eine Verpflichtung auf das Datengeheimnis kann – optional – eine solche

148 EuGH, Urt. v. 11.04.2024, C-741, Rn. 48 f. = NJW 2024, 1561, 1563 – GP/juris.

149 Vgl. auch Spindler/Schuster/*Nink*, Art. 29 Rn. 8.

150 DSK, Kurzpapier Nr. 19. Unterrichtung und Verpflichtung von Beschäftigten auf Beachtung der datenschutzrechtlichen Anforderungen nach der DS-GVO.

151 *Ehmann*, ZD 2017, 453, 454.

Maßnahme bzw. einen Teil eines entsprechenden Maßnahmenpakets darstellen.[152]

VI. Weisung

27 Die DSGVO definiert den Begriff der Weisung nicht, verwendet ihn jedoch etwa in Art. 28 Abs. 3 Satz 2 lit. a sowie Art. 29.[153] In der Kommentarliteratur hat sich ein weitgehend übereinstimmendes Verständnis herausgebildet, wonach sämtliche sich auf die Datenverarbeitung beziehende Anordnungen des Verantwortlichen „Weisungen" im Sinne der DSGVO darstellen, sofern sie hinreichend konkret sind.[154] Im Übrigen ist der Begriff der Weisung insofern eher untechnisch zu verstehen, als es sich nicht notwendigerweise um eine einseitig auferlegte Anordnung handeln muss.[155] Vielmehr haben auch vertraglich vereinbarte Pflichten – insbesondere solche aus dem Auftragsverarbeitungsvertrag – Weisungscharakter.[156] Ein bloßes Dulden durch den Verantwortlichen genügt mangels anordnender Zielrichtung hingegen nicht.[157] Eine Formbedürftigkeit der Weisung gibt die DSGVO nicht vor. Jedoch sind die Weisungen des Verantwortlichen vom Auftragsverarbeiter zu dokumentieren (Art. 28 Abs. 3 S. 2 lit. a).[158] Dies dient nicht zuletzt dem Interesse des Auftragsverarbeiters, die Rechtmäßigkeit seines Handelns oder des Handelns der ihm unterstellten Personen nachweisbar sicherzustellen.

---

152 a. a. O.
153 Vgl. Taeger/Gabel/*Lutz/Gabel*, Art. 29 Rn. 11.
154 Vgl. etwa Kühling/Buchner/*Hartung*, Art. 29 Rn. 15; Paal/Pauly/*Martini*, Art. 29 Rn. 18.
155 BeckOK Datenschutzrecht/*Spoerr*, Art. 29 Rn. 14.
156 Kühling/Buchner/*Hartung*, Art. 29 Rn. 15; Paal/Pauly/*Martini*, Art. 29 Rn. 18.
157 BeckOK Datenschutzrecht/*Spoerr*, Art. 29 Rn. 14; Paal/Pauly/*Martini*, Art. 29 Rn. 18; Kühling/Buchner/*Hartung*, Art. 29 Rn. 16; Simitis/Hornung/Spiecker gen. Döhmann/*Petri*, Art. 29 Rn. 14.
158 Paal/Pauly/*Martini*, Art. 29 Rn. 19; Kühling/Buchner/*Hartung*, Art. 29 Rn. 16.

VII. Grenzen der Weisungsbindung

28 Die Weisungsbindung findet ihre Grenzen, wenn die weisungsunterworfenen Personen aufgrund des Rechts der Union oder der Mitgliedstaaten zur Verarbeitung verpflichtet sind. Denkbar sind in Ausnahmefällen bspw. die Beschlagnahme der Daten des Verantwortlichen beim Auftragsverarbeiter durch Ermittlungsbehörden oder die Aufbewahrung aufgrund handels- oder steuerrechtlicher Pflichten.[159] Die Herausgabe stellt nach der Definition des Art. 4 Nr. 2 eine Verarbeitung in der Form des „Offenlegens durch Übermittlung" dar.[160] Eine entgegenstehende Weisung des auftraggebenden Verantwortlichen wird – mit Ausnahme der Fälle, in denen sich ein Zeugnisverweigerungsrecht gem. § 97 StPO auf ein Beschlagnahmeverbot beim Dienstleister erstreckt – nicht zu beachten sein. Pflichten, die sich aus dem Recht eines Drittstaats ergeben, können die Weisungsbindung grundsätzlich nicht begrenzen.[161]

29 Zu beachten ist auch, dass die Weisungsbindung des Auftragsverarbeiters kein Recht des Verantwortlichen begründet, die vertraglich vereinbarte Leistung des Auftragsverarbeiters einseitig abändern zu können. Eine Verarbeitung, die nicht vereinbart ist, kann nicht über den Weg einer datenschutzrechtlichen Weisung einseitig vorgegeben werden.

VIII. Rechtsfolgen

30 Eine weisungskonforme Ausführung durch die weisungsunterworfenen Personen wirkt sich unmittelbar auf die jeweilige Haftung aus. Führen der Auftragsverarbeiter oder ihm bzw. dem Verantwortlichen unterstellte Personen eine Weisung des Verantwortlichen aus, trägt der Verantwortliche als Weisungsgeber die Verantwortung für die Rechtmäßigkeit. Stellt sich diese Weisung als unzulässig heraus (z. B. im Fall einer unzulässigen Verarbeitung aufgrund einer rechtswidri-

159 Plath/*Plath*, Art. 29 Rn. 13; Taeger/Gabel/*Lutz/Gabel*, Art. 29 Rn. 15.

160 Vgl. Simits/Hornung/Spiecker gen. Döhmann/*Roßnagel*, Art. 4 Nr. 2 Rn. 26; Taeger/Gabel/*Arning/Rothkegel*, Art. 4 Rn. 88 ff.

161 *EDSA*, Stellungnahme 22/2024, Rn. 115.

gen Zweckänderung), kann sich der Auftragsverarbeiter nach Art. 82 Abs. 3 von der Haftung exkulpieren.

Verstößt der Auftragsverarbeiter gegen eine Weisung, drohen ihm nicht nur Sanktionen im Rahmen des Art. 83 Abs. 4 lit. a, sondern er gerät auch in das Risiko, nach Art. 28 Abs. 10 als derjenige angesehen zu werden, der für diese Verarbeitung die Zwecke und Mittel bestimmt und damit als Verantwortlicher gilt. **31**

Der Verantwortliche bzw. Auftragsverarbeiter wird von seiner Haftung für (Unter-)Auftragsverarbeiter oder unterstellte Personen gem. Art. 82 Abs. 3 nur befreit, wenn er nachweisen kann, dass er für einen Schaden in keinerlei Hinsicht verantwortlich ist. Weisungswidriges Agieren der ihnen jeweils unterstellten Personen müssen sich Verantwortlicher und Auftragsverarbeiter jeweils zurechnen lassen. Nach der Rechtsprechung des EuGH kommt es wohl auf ein Organisationsverschulden an.[162] Jedenfalls für den Verantwortlichen gilt demnach: Kann er nachweisen, dass kein Kausalzusammenhang zwischen einer etwaigen Verletzung der Art. 5, 24 und 32 und einem Schaden besteht, scheidet eine Haftung auf Schadensersatz aus.[163] Verantwortliche und Auftragsverarbeiter müssen sich über die korrekte Ausführung ihrer Weisung hinreichend vergewissern.[164] Es reicht nicht aus, sich nur darauf zu berufen, dass eine unterstellte Person gegen eine Weisung verstoßen hat.[165] **32**

Inwieweit Verantwortliche und Auftragsverarbeiter bei einem Schaden im Innenverhältnis bei den jeweils unterstellten Personen Regress nehmen können, hängt vom jeweiligen Rechtsverhältnis zu den unterstellten Personen und im Arbeitsrecht auch von den Grundsätzen der Arbeitnehmerhaftung ab.[166] **33**

---

162 *Moos/Rothkegel*, ZD 384, 385; *Nabulsi*, ZEuP 918, 923; *Bauer/Sura*, ZD 2025, 7, 10; jeweils unter Hinweis auf EuGH, Urt. v. 11.04.2024, C-741, Rn. 51 f. = NJW 2024, 1561, 1563 f. – GP/juris.

163 Vgl. EuGH, Urt. v. 11.04.2024, C-741, Rn. 51 = NJW 2024, 1561, 1563 f. – GP/juris; dazu *Bauer/Sura*, ZD 2025, 7; *Moos/Rothkegel*, ZD 2024, 384, 385; *Nabulsi*, ZEuP 2024, 918, 922 ff.

164 EuGH, Urt. v. 11.04.2024, C-741, Rn. 49 = NJW 2024, 1561, 1563 – GP/juris.

165 EuGH, Urt. v. 11.04.2024, C-741, Rn. 52 = NJW 2024, 1561, 1564 – GP/juris.

166 Vgl. *Bauer/Sura*, ZD 2025, 7, 9. Allgemein zur beschränkten Haftung des Arbeitnehmers BeckOK Arbeitsrecht/*Joussen*, BGB § 611a Rn. 96 ff.

34 Eine Pflicht zur Prüfung der Rechtmäßigkeit einer Anweisung ergibt sich für den Auftragsverarbeiter nicht. Sollte er aber zu der Auffassung gelangen, dass eine Anweisung gegen die DSGVO oder gegen andere Datenschutzbestimmungen der EU oder der Mitgliedstaaten verstößt, hat er nach Art. 28 Abs. 3 den Verantwortlichen unverzüglich zu informieren. Für das weitere Vorgehen nach der Meldung einer rechtswidrigen Weisung empfiehlt der EDSA eine vertragliche Regelung.[167]

IX. Sanktionen

35 Ein Verstoß gegen Art. 29 kann nach Art. 83 Abs. 4 lit. a mit einer Geldbuße bis zu 10 Mio. € oder im Fall eines Unternehmens von bis zu 2 % seines gesamten weltweit erzielten Jahresumsatzes des vorangegangenen Geschäftsjahres geahndet werden, je nachdem, welcher der Beträge höher ist. Diese Sanktion kann gem. Art. 83 gegen den Verantwortlichen und Auftragsverarbeiter verhängt werden.

---

167 *EDSA*, Leitlinien 07/2020, Version 2.0, Rn. 149.

E. Checklisten und Musterverträge

Der Abschluss von Auftragsverarbeitungsverträgen ist Datenschutz-Standardgeschäft. Dennoch stellen sich in der Praxis häufig viele Fragen:

- Welche Anforderungen muss ich an den Auftragsverarbeiter stellen?
- Wie wähle ich den richtigen Auftragsverarbeiter aus?
- Wie prüfe ich, ob der Auftragsverarbeitungsvertrag wirklich alle rechtlichen Anforderungen erfüllt?
- Wie fülle ich den Auftragsverarbeitungsvertrag richtig aus?
- Welches Vertragsmuster sollte ich verwenden in komplexen Auftragsverarbeitungsverhältnissen, z. B. bei vielen Verarbeitern in einer „Verarbeitungskette" oder bei Verarbeitungen mit Drittlandbezug?

Die Dokumente in diesem Kapitel sollen hierbei Hilfestellung leisten.

Es gibt folgende Checklisten und Muster:

1. Checkliste: Wie wähle ich den richtigen Auftragsverarbeiter aus?
2. Checkliste: Welche Art von Vertrag oder Standardvertragsklauseln sollte ich im konkreten Fall verwenden?
3. Checkliste: Wie prüfe ich einen Auftragsverarbeitungsvertrag auf Rechtskonformität?
4. Muster: Kurzfassung Auftragsverarbeitungsvertrag (wenn es möglichst knapp sein soll)
5. Muster: Standardvertragsklauseln der Europäischen Kommission für Auftragsverarbeitungen innerhalb der Europäischen Union, inklusive Ausfüllhinweisen und Musterformulierungen

Diese Checklisten und Muster sollten in vielen Fällen Anregungen für Lösungsmöglichkeiten geben können.

I. Checkliste zur Auswahl des richtigen Auftragsverarbeiters

Nach der DSGVO darf der Verantwortliche nur Auftragsverarbeiter auswählen, die hinreichende Garantien dafür bieten, dass technische und organisatorische Maßnahmen getroffen werden, um die verarbeiteten Daten zu schützen. Die hinreichenden Garantien müssen insbesondere im Hinblick auf das Fachwissen, Zuverlässigkeit und Ressourcen des Auftragsverarbeiters bestehen. Der Schutz der Rechte der betroffenen Personen muss durch die technischen und organisatorischen Maßnahmen gewährleistet werden.

Die nachfolgende Checkliste gibt Anregungen für Kriterien, die bei der Auswahl des richtigen Auftragsverarbeiters herangezogen werden können.

Auswahl des Auftragsverarbeiters	
Was meint „technische und organisatorische Maßnahmen“?	Der Begriff der **Maßnahme** ist weit zu verstehen. Er erfasst alle Handlungen, die dem Ziel dienen, eine DSGVO-Konformität der Datenverarbeitung zu erzielen. Sie reichen von der Ausrichtung der technischen Systeme über die Instruktion des Personals bis hin zur Pannenvorsorge. **Technische** Maßnahmen sind alle Vorkehrungen und Verfahrensweisen, die sich auf den Vorgang der Verarbeitung von Daten erstrecken (z. B. das Wegschließen von Datenträgern, bauliche Maßnahmen, die den Zutritt Unbefugter verhindern sollen, oder Steuerungen des Software- oder Hardwareprozesses der Verarbeitung, etwa durch Maßnahmen der Zugriffs- oder Weitergabekontrolle wie Verschlüsselung oder Passwortsicherung). **Organisatorische** Maßnahmen richten sich insbes. auf die äußeren Rahmenbedingungen zur Gestaltung des technischen Verarbeitungsprozesses (z. B. die Einhaltung des Vier-Augen-Prinzips, Protokollierungen von Tätigkeiten und Stichprobenroutinen). Dazu können auch Schulungen der Mitarbeiter (z. B. durch den Datenschutzbeauftragten) oder Verpflichtungserklärungen gehören. Die vom Auftragsverarbeiter getroffenen konkreten technischen und organisatorischen Maßnahmen werden im Anhang zum Auftragsverarbeitungsvertrag mit dem Dienstleister ausdrücklich aufgeführt.

Wie ist zu überprüfen, ob hinreichende Garantien im Hinblick auf geeignete technische und organisatorische Maßnahmen vorliegen?	Häufig ist es für den Verantwortlichen schwierig, die Einhaltung der datenschutzrechtlichen Anforderungen durch den Auftragsverarbeiter zu beurteilen. Regelmäßig bestehen auf Seiten des Verantwortlichen gar nicht alle erforderlichen technischen Kenntnisse und Fähigkeiten für eine solche Beurteilung. Die besonderen Kenntnisse auf Seiten des Auftragsverarbeiters sind häufig ohnehin der Grund für die Beauftragung. Die DSGVO sieht deshalb zu Gunsten des Verantwortlichen ausdrücklich die Möglichkeit vor, die Einhaltung – von **genehmigten Verhaltensregeln** (Art. 40 DSGVO); oder – eines **genehmigten Zertifizierungsverfahrens** (Art. 42 DSGVO) **„als Faktor“** zum Nachweis hinreichender Garantien heranzuziehen. Der Zusatz „als Faktor“ bringt zum Ausdruck, dass auch die genehmigten Verhaltensregeln oder Zertifizierungsverfahren nur ein (wenn auch starkes) **Indiz** sind und somit **weiterhin eine Gesamtbeurteilung** durch den Verantwortlichen anhand sämtlicher ihm zur Verfügung stehender Informationen und Nachweise erforderlich ist.
Was sind „genehmigte Verhaltensregeln“?	„Genehmigte Verhaltensregeln“ **meint Verhaltensregeln gemäß Art. 40 DSGVO**, deren Ausarbeitung u. a. von den EU-Mitgliedstaaten, den EU-Aufsichtsbehörden, dem Europäischen Datenschutzausschuss und der EU-Kommission gefördert wird.
Was sind „genehmigte Zertifizierungsverfahren“?	„Genehmigte Zertifizierungsverfahren“ meint **datenschutzspezifische Zertifizierungsverfahren sowie Datenschutzsiegel und –prüfzeichen gemäß Art. 42 DSGVO**, deren Einführung u. a. von den EU-Mitgliedstaaten, den EU-Aufsichtsbehörden, dem Europäischen Datenschutzausschuss und der EU-Kommission gefördert wird.

Wie kann der Verantwortliche <u>außerhalb</u> von *genehmigten* Verhaltensregeln oder Zertifizierungsverfahren überprüfen, ob hinreichende Garantien im Hinblick auf geeignete technische und organisatorische Maßnahmen vorliegen?	Genaue Regelungen zum Umfang der Prüfungspflichten gibt es nicht. Es empfiehlt sich – entsprechend dem der DSGVO zugrundeliegenden Risikoansatz – ein **abgestuftes Prüfsystem** zu verfolgen. Dabei sollte sich die gebotene Intensität der Überprüfung v. a. an der **Schutzwürdigkeit** der Daten (und der für die Rechte und Freiheiten der betroffenen Person drohenden **Risiken**) orientieren. Ein Indiz für die Beurteilung der Schutzstufe sollte auch die Größe und Komplexität der Datenverarbeitung sein. Das abgestufte Prüfsystem könnte wie folgt aussehen: **Stufe 1: Niedrigere Schutzwürdigkeit** (bei weniger sensiblen Daten; geringeren Risiken für die Betroffenen) Bei niedrigerer Schutzwürdigkeit der Daten sollte der Verantwortliche jedenfalls die vom Dienstleister genannten **technischen und organisatorischen Maßnahmen** kritisch würdigen und u. a. – soweit für ihn möglich – **auf Aktualität und Schlüssigkeit prüfen**. Zudem sollte der Verantwortliche auf Basis sämtlicher ihm zur Verfügung stehender Informationen und Nachweise eine **Gesamtbeurteilung über die Vertrauenswürdigkeit** des Dienstleisters anstellen (und diese dokumentieren, siehe auch die letzte Frage/Antwort). Im Rahmen der Gesamtbeurteilung sollte insbesondere durch Internet-Recherche stichprobenartig geprüft werden, ob es bei dem Dienstleister in der Vergangenheit zu Datenpannen gekommen ist oder ob andere konkrete Anzeichen gegen eine Vertrauenswürdigkeit sprechen. **Stufe 2: Mittlere Schutzwürdigkeit** (v. a. wenn sensible Daten betroffen sind etc.) Bei mittlerer Schutzwürdigkeit der Daten sollte der Verantwortliche, <u>zusätzlich</u> zu den unter 1. genannten Schritten, im Hinblick auf die vom Dienstleister getroffenen Maßnahmen dessen **Risikoanalyse** (zu der Frage, welche Risiken für die Rechte der betroffenen Person bei der Datenverarbeitung bestehen) sowie das **Datenschutz- und Datensicherheitskonzept vorlegen lassen und diese Dokumente ebenfalls auf Schlüssigkeit prüfen**. Das Datenschutz- und Datensicherheitskonzept sollte u. a. auch eine systematische Ermittlung und Darstellung der technischen und organisatorischen Maßnahmen zur Gewährleistung der Sicherheit der Verarbeitung enthalten.

	Für die Prüfung sollte der Sachverstand der IT-Abteilung hinzugezogen werden. Zudem kann es sich empfehlen, eine standardisierte **Prüf-/Checkliste zu erarbeiten und anzuwenden**, die einem fortlaufenden Verbesserungsprozess unterliegt (Zusammenarbeit mit der IT-Abteilung). Dadurch könnte der Prüfungsprozess zunehmend effektiver gestaltet werden. **Stufe 3: Hohe Schutzwürdigkeit** (z. B. bei einer sehr umfangreichen Verarbeitung sensibler Daten wie Gesundheitsdaten oder Daten zur ethnischen Herkunft, Daten einer größeren Personengruppe) Bei einer hohen Schutzwürdigkeit sollte der Verantwortliche, <u>zusätzlich</u> zu den unter 1. und 2. genannten Schritten, für die Gesamtbeurteilung **weitere Informationen über den Dienstleister heranziehen**. Für einen Dienstleister kann im Rahmen der Gesamtbeurteilung (als Indiz) dabei v. a. auch sprechen, dass er **werthaltige und aussagekräftige Datenschutzzertifizierungen und/oder -audits durch fachkundige Dritte (wie bspw. Wirtschaftsprüfer)** aufweist. **Überprüfungen vor Ort** dürften bei bekannten Rechenzentren, Dienstleistern, oder Internet-/E-Mail-Providern mit „gutem Ruf" zwar nicht zwingend erforderlich sein. Anderes könnte allerdings **bei bisher unbekannten Dienstleistern** gelten. Wenn eine Vor-Ort-Prüfung durchgeführt wird, sollten insbesondere – soweit möglich – die vor Ort ersichtlichen technischen und organisatorischen Maßnahmen mit der Darstellung im Datenschutz- und Datensicherheitskonzept abgeglichen werden. Je nach Risikoklassifizierung ist überdies ggf. eine **Datenschutzfolgenabschätzung** durchzuführen.
Sind gute Erfahrungen mit einem Auftragsverarbeiter in der Vergangenheit bereits als hinreichende Garantien im Hinblick auf geeignete technische und organisatorische Maßnahmen anzusehen?	Frühere eigene Erfahrungen des Verantwortlichen genügen für den Nachweis hinreichender Garantien im Hinblick auf geeignete technische und organisatorische Maßnahmen **als solche nicht**. Sie können allerdings **eines von mehreren Indizien** dafür sein, dass der Auftragsverarbeiter geeignete technische und organisatorische Maßnahmen trifft. Dies gilt umso mehr, wenn ständige Geschäftsbeziehungen zwischen dem Verantwortlichen und dem Auftragsverarbeiter bestehen und Letzterer darin ständig wiederkehrend seine Eignung bewiesen hat.

Regelmäßige Überprüfung des Auftragsverarbeiters	
Was muss der Verantwortliche nach der initialen Beauftragung des Auftragsverarbeiters beachten?	Der Verantwortliche bleibt nach der in der DSGVO vorgesehenen allgemeinen Rechenschaftspflicht (Art. 5 Abs. 2 DSGVO) auch nach der initialen Beauftragung zur **fortlaufenden Überprüfung** des Auftragsverarbeiters verpflichtet.
Wie häufig muss der Verantwortliche den Auftragsverarbeiter überprüfen und welchen Umfang muss die Überprüfung haben?	Die DSGVO regelt nicht ausdrücklich, wann und wie oft eine entsprechende Überprüfung der Auftragsverarbeiter vorgenommen werden muss. Regelmäßig dürfte allerdings eine **Überprüfung im Rhythmus zwischen zwei und vier Jahren** angezeigt sein (v.a. abhängig von der Schutzwürdigkeit der Daten und den bestehenden Risiken für die Rechte und Freiheiten der betroffenen Person durch die Datenverarbeitung). Der Verantwortliche muss sich von der Einhaltung der zugesagten technischen und organisatorischen Maßnahmen durch den Auftragsverarbeiter überzeugen. Dementsprechend muss der Auftragsverarbeiter Überprüfungen ermöglichen und dazu beitragen. Der Verantwortliche muss sich aber nicht immer selbst durch Vor-Ort-Kontrollen von der Einhaltung der datenschutzrechtlichen Anforderungen überzeugen. Vielmehr sollte sich der Verantwortliche – entsprechend der Schutzwürdigkeit – wiederum (auf Stufe 1) die aktualisierte Liste der technischen und organisatorischen Maßnahmen oder (auf Stufe 2) das **aktuelle Datenschutz- und Datensicherheitskonzept** geben lassen und dieses kritisch würdigen und durch eigenes Personal (oder mithilfe eines Sachverständigen) **auf Schlüssigkeit prüfen**. Auch insoweit gilt: Je sensibler die verarbeiteten Daten sind, desto umfangreicher müssen die Datensicherungsmaßnahmen sein. Eine **Vor-Ort-Prüfung** kann **bei konkreten Anlässen bzw. Anhaltspunkten für ein Fehlverhalten** des Dienstleisters (v.a. auf Stufe 3) geboten sein. Stellt sich im Rahmen der Kontrolle heraus, dass das festgelegte Sicherheitsniveau nicht ausreichend ist, sind **ergänzende Maßnahmen zu vereinbaren**, deren Umsetzung wiederum überwacht werden muss.

Dokumentation der Auswahl und Prüfung	
Was ist ansonsten im Hinblick auf die Auswahl und Überprüfung des Auftragsverarbeiters durch den Verantwortlichen zu beachten?	Die Auswahl und fortlaufende Überprüfung des Auftragsverarbeiters sollte unbedingt **dokumentiert** werden. Die Notwendigkeit einer ausreichenden Dokumentation der konkreten Maßnahmen des Auftragsverarbeiters folgt aus der in der DSGVO vorgesehenen allgemeinen Rechenschaftspflicht (Art. 5 Abs. 2 DSGVO).

II. Checkliste zur Auswahl des richtigen Auftragsverarbeitungsvertrags

Der Abschluss eines Auftragsverarbeitungsvertrags erscheint im Normalfall als einfacher Vorgang: Man verwendet ein bestehendes Muster und schließt dieses mit dem Auftragsverarbeiter ab. Gerade in „Kettenverarbeitungsverhältnissen", an denen mehrere Parteien in einer Art „Verarbeitungskette" beteiligt sind, ist die Frage nach dem richtigen Muster aber häufig gar nicht so einfach zu beantworten.

Das Gleiche gilt im internationalen Kontext. So gibt es neben dem normalen Auftragsverarbeitungsvertrag nach Art. 28 DSGVO auch Standardvertragsklauseln für internationale Datenübermittlungen: Vom Verantwortlichen zum Auftragsverarbeiter, vom Auftragsverarbeiter zu einem Unterauftragsverarbeiter sowie sogar von einem Auftragsverarbeiter zu einem Verantwortlichen. Einige der Verträge müssen dabei sogar parallel verwendet werden, und in einigen Fällen gibt es rechtliche Unklarheiten dahingehend, ob – und welche – Module der Standardvertragsklauseln für die Übermittlung personenbezogener Daten an Drittländer überhaupt zur Anwendung gelangen. Diese Zweifel bestehen insbesondere in solchen Fällen, in denen personenbezogene Daten an einen Datenempfänger im Drittland gehen, der nach dem Marktortprinzip aus Art. 3 Abs. 2 DSGVO selbst der DSGVO unterliegt. Weitere rechtliche Fragen stellen sich bei der ungewöhnlichen Konstellation des Moduls 4 der Standardvertragsklauseln – der Datenübermittlung von Auftragsverarbeitern in der EU an Verantwortliche außerhalb der EU.

Um in diesen Problemfällen eine erste Empfehlung abgeben zu können, bietet sich die folgende Tabelle an. Gerade in den vorgenannten Zweifelsfällen ist jedoch im Einzelfall zu beurteilen, ob die hier vorgeschlagenen „Standardvorschläge" auch auf den Einzelfall passen.

Datenexporteur	**Datenimporteur**	**Gegebenenfalls erforderliche Vereinbarung**
Datenweitergabe vom Verantwortlichen zum Auftragsverarbeiter		
1. Verantwortlicher (i) mit Sitz innerhalb der EU/des EWR oder (ii) mit Sitz außerhalb der EU/des EWR, der personenbezogene Daten von betroffenen Personen übermittelt, die sich in der EU/dem EWR befinden (soweit die DSGVO nach Art. 3 Abs. 2 zur Anwendung gelangt), oder (iii) mit Sitz außerhalb der EU/des EWR, der die Standardvertragsklauseln für die Übermittlung personenbezogener Daten an Drittländer als Datenimporteur unterzeichnet hat	a. Auftragsverarbeiter innerhalb der EU/EWR oder in einem sicheren Drittland	– Auftragsverarbeitungsvertrag nach Art. 28 DSGVO (z. B. die Muster aus diesem Kommentar)
	b. Auftragsverarbeiter in einem unsicheren Drittland	– Standardvertragsklauseln für die Übermittlung personenbezogener Daten an Drittländer (Kommissionsbeschluss (EU) 2021/914), Modul 2 (Controller-to-Processor) – Transfer Impact Assessment erforderlich
2. Verantwortlicher außerhalb der EU/des EWR, der (i) weder die Standardvertragsklauseln als Datenimporteur unterzeichnet hat (ii) noch personenbezogene Daten betroffener Personen, die sich in der EU/dem EWR befinden, übermittelt	a. Auftragsverarbeiter außerhalb der EU/EWR	– Es muss kein Datenschutzvertrag abgeschlossen werden
	b. Auftragsverarbeiter innerhalb der EU/EWR	– Auftragsverarbeitungsvertrag nach Art. 28 DSGVO (z. B. die Muster aus diesem Kommentar), da der Auftragsverarbeiter hierzu verpflichtet ist Daneben regelmäßig erforderlich: – Standardvertragsklauseln für die Übermittlung personenbezogener Daten an Drittländer (Kommissionsbeschluss (EU) 2021/914), Modul 4 (Processor-to-Controller)

		– Transfer Impact Assessment bei Rückübermittlung an den Verantwortlichen
Übertragungen zwischen Auftragsverarbeitern		
3. Auftragsverarbeiter (i) mit Sitz innerhalb der EU/des EWR oder (ii) mit Sitz außerhalb der EU/des EWR, der personenbezogene Daten von betroffenen Personen übermittelt, die sich in der EU/dem EWR befinden (soweit die DSGVO nach Art. 3 Abs. 2 zur Anwendung gelangt), oder (iii) mit Sitz außerhalb der EU/des EWR, der die Standardvertragsklauseln als Datenimporteur unterzeichnet hat	a. Unterauftragsverarbeiter innerhalb der EU/EWR oder in einem sicheren Drittland	– Auftragsverarbeitungsvertrag nach Art. 28 DSGVO (z. B. die Muster aus diesem Kommentar)
	b. Unterauftragsverarbeiter in einem unsicheren Drittland	– Standardvertragsklauseln für die Übermittlung personenbezogener Daten an Drittländer (Kommissionsbeschluss (EU) 2021/914), Modul 3 (Processor-to-Processor) – Transfer Impact Assessment erforderlich
4. Auftragsverarbeiter außerhalb der EU/des EWR, der (i) die Standardvertragsklauseln weder als Datenimporteur unterzeichnet hat (ii) noch personenbezogene Daten von betroffenen Personen, die sich in der EU/dem EWR befinden, übermittelt	a. Unterauftragsverarbeiter innerhalb der EU/EWR	– Auftragsverarbeitungsvertrag nach Art. 28 DSGVO (z. B. die Muster aus diesem Kommentar), weil der Unterauftragsverarbeiter hierzu verpflichtet ist
	b. Unterauftragsverarbeiter außerhalb der EU/EWR	– Es muss kein Datenschutzvertrag abgeschlossen werden
Datenweitergabe vom Auftragsverarbeiter zum Verantwortlichen		
5. Auftragsverarbeiter mit Sitz in der EU/EWR	a. Verantwortlicher (i) innerhalb der EU/des EWR oder (ii) außerhalb der EU/des EWR, der personenbezogene Daten von betroffenen Personen, die sich in der EU/dem EWR befinden, an den	– Wie Fallgruppe 1a

	Auftragsverarbeiter übermittelt bzw. von diesem empfängt (soweit Anwendung des Marktortprinzips nach Art. 3 Abs. 2 DSGVO)	
	b. Verantwortlicher außerhalb der EU/des EWR, der keine personenbezogenen Daten von betroffenen Personen, die sich in der EU/dem EWR befinden, an den Auftragsverarbeiter übermittelt/empfängt	– Wie Fallgruppe 2b_
6. Auftragsverarbeiter mit Sitz außerhalb der EU/EWR	a. Verantwortlicher (i) innerhalb der EU/des EWR oder (ii) außerhalb der EU/des EWR, der (a) Standardvertragsklauseln als Datenimporteur unterzeichnet hat oder (b) personenbezogene Daten von betroffenen Personen, die sich in der EU/im EWR befinden, an den Auftragsverarbeiter übermittelt (soweit Anwendung des Marktortprinzips nach Art. 3 Abs. 2 DSGVO)	– Wie Fallgruppe 1b
	b. Verantwortlicher außerhalb der EU/des EWR, der (i) weder die Standardvertragsklauseln als Datenimporteur unterzeichnet hat (ii) noch personenbezogene Daten betroffener Personen, die sich in der EU/dem EWR befinden, an den Auftragsverarbeiter übermittelt	– Wie Fallgruppe 2a

III. Checkliste Anforderungen an einen Auftragsverarbeitungsvertrag

Häufig kommt es vor, dass man Auftragsverarbeitungsverträge der anderen Partei erhält und abschließen muss. In diesen Fällen kann man nicht auf eigene Muster zurückgreifen, sondern muss sich auf den Vertragsentwurf der anderen Partei einlassen. In diesen Fällen sollten die vorgelegten Auftragsverarbeitungsverträge auf Konformität mit Art. 28 DSGVO überprüft werden. Die nachfolgende Checkliste hilft hierbei.

Mindestinhalt der Vereinbarung	**enthalten (+) oder nicht enthalten (-)**
Vertragsgegenstand: Welche Verarbeitungstätigkeit soll durch den Auftragsverarbeiter ausgeführt werden?	
Verarbeitungszweck: Zu welchem Zweck soll der Auftragsverarbeiter tätig werden?	
Kategorien personenbezogener Daten: Welche Arten personenbezogener Daten werden durch den Auftragsverarbeiter verarbeitet?	
Erwartete Laufzeit der Auftragsverarbeitungsvereinbarung	
Kategorien betroffener Personen	
Weisungsgebundenheit des Auftragsverarbeiters: Der Auftragsverarbeiter darf die Daten nur auf dokumentierte Weisung des Verantwortlichen verarbeiten.	
Ort der Datenverarbeitung: Es ist dem Auftragsverarbeiter nicht gestattet, personenbezogene Daten ohne Erlaubnis des Verantwortlichen in Länder außerhalb der EU/des EWR („Drittländer") zu übermitteln. Im Falle einer solchen Erlaubnis sind Drittlandtransfers nur zulässig, sofern ein Angemessenheitsbeschluss vorliegt oder der Auftragsverarbeiter den Datentransfer durch geeignete Sicherheitsmaßnahmen nach Art. 44 ff. (z. B. Abschluss der Standardvertragsklauseln) absichert. Sofern solche Maßnahmen nicht ausreichen, um ein angemessenes Datenschutzniveau im Land des Empfängers sicherzustellen, sind ggf. ergänzende Maßnahmen erforderlich.	

Informationspflichten: Der Auftragsverarbeiter hat den Verantwortlichen grundsätzlich unverzüglich zu unterrichten, sofern er nicht dazu imstande ist, eine dokumentierte Weisung zu befolgen. Ferner hat er den Verantwortlichen auch zu informieren, wenn er der Auffassung ist, dass eine Weisung gegen europäisches oder nationales Datenschutzrecht verstößt.	
Verschwiegenheit: Die zur Verarbeitung personenbezogener Daten befugten Personen müssen sich zur Vertraulichkeit verpflichtet haben oder einer angemessenen gesetzlichen Schweigepflicht unterliegen.	
Datensicherheit: Der Auftragsverarbeiter muss mittels geeigneter technischer und organisatorischer Maßnahmen i. S. d. Art. 32 die Sicherheit der personenbezogenen Daten gewährleisten.	
Unterauftragsverarbeiter: Der Auftragsverarbeiter darf Unterauftragsverarbeiter nicht ohne vorherige gesonderte oder allgemeine schriftliche Erklärung des Verantwortlichen in Anspruch nehmen. Im Fall einer allgemeinen schriftlichen Genehmigung hat der Auftragsverarbeiter den Verantwortlichen über jede beabsichtigte Änderung zu informieren und dem Verantwortlichen steht ein Einspruchsrecht zu. Der Auftragsverarbeiter hat dem Unterauftragsverarbeiter dieselben Datenschutzpflichten aufzuerlegen, die zwischen ihm und dem Verantwortlichen vereinbart sind. Für Datenschutzverstöße eines Unterauftragsverarbeiters ist der Auftragsverarbeiter gegenüber dem Verantwortlichen in vollem Umfang haftbar.	
Unterstützungspflichten: Der Auftragsverarbeiter hat den Verantwortlichen durch geeignete technische und organisatorische Maßnahmen bei der Bearbeitung von Betroffenenanfragen zu unterstützen. Ferner muss der Auftragsverarbeiter den Verantwortlichen unter Berücksichtigung der Art der Verarbeitung und der ihm zur Verfügung stehenden Informationen bei der Einhaltung der in den Art. 32 bis 36 genannten Pflichten unterstützen.	
Löschung/Rückgabe: Der Auftragsverarbeiter hat nach Abschluss der Erbringung der Verarbeitungsleistungen alle personenbezogenen Daten nach Wahl des Verantwortlichen entweder zu löschen oder zurückzugeben, sofern nicht nach dem Unionsrecht oder dem Recht der Mitgliedstaaten eine Verpflichtung zur Speicherung der personenbezogenen Daten besteht.	

Nachweispflicht: Der Auftragsverarbeiter muss dem Verantwortlichen alle erforderlichen Informationen zum Nachweis seiner DSGVO-Compliance zur Verfügung stellen und Überprüfungen – einschließlich Inspektionen – ermöglichen und dazu beitragen.	
Formerfordernis: Die Auftragsverarbeitungsvereinbarung muss schriftlich oder in einem elektronischen Format abgeschlossen werden.	
Änderungen: Sofern sich der Auftragsverarbeiter vorbehält, die Vereinbarung von Zeit zu Zeit zu aktualisieren, sind die Modalitäten solcher Änderungen (z. B. die diesbezügliche Information des Verantwortlichen) festzulegen.	

IV. Kurzform eines Auftragsverarbeitungsvertrags

Häufig besteht zwischen den Vertragsparteien gar kein großer Regelungsbedarf in Bezug auf die Auftragsverarbeitung. Es sollen nur die zwingenden rechtlichen Anforderungen an den Auftragsverarbeitungsvertrag erfüllt werden. Auch besteht in vielen Fällen ein Bedarf an möglichst kurzen Auftragsverarbeitungsverträgen. Im Nachfolgenden findet sich ein Muster für einen sehr kurzen Auftragsverarbeitungsvertrag (deutsch und englisch), der für Datenweitergaben innerhalb des EWR verwendet werden kann.

Die Anhänge des Auftragsverarbeitungsvertrags entsprechen weitestgehend den Standardvertragsklauseln für internationale Datentransfers, um gleichzeitig für die über den Auftragsverarbeitungsvertrag einbezogenen Standardvertragsklauseln zur Anwendung zu gelangen. Sie können risikobasiert angepasst bzw. gekürzt werden, wenn erforderlich.

1. Deutschsprachiges Muster:

Artikel 28 DSGVO: Auftragsverarbeitungsvertrag

Zwischen [Name des Verantwortlichen], [Anschrift] („**Verantwortlicher**") und

[Name des Auftragsverarbeiters], [Anschrift] („**Auftragsverarbeiter**")

Die Parteien haben eine Hauptvereinbarung über die Verpflichtungen der Parteien geschlossen (die „Vereinbarung"). Diese Auftragsverarbeitungsvereinbarung nach Art. 28 DSGVO („AVV") ergänzt die Vereinbarung und erfüllt die zwingenden gesetzlichen Voraussetzungen für die Beauftragung eines Auftragsverarbeiters nach Art. 28 DSGVO. Alle Definitionen in diesem Vertrag werden im Einklang mit der DSGVO ausgelegt.

1. **Gegenstand, Art und Zweck der Verarbeitung, Kategorien der personenbezogenen Daten und Kategorien der betroffenen Personen sowie Dauer der Verarbeitung**: Wie in Anhang I dargelegt.

2. Pflichten des Auftragsverarbeiters:

Der Auftragsverarbeiter

a. verarbeitet die unter Ziffer 1 genannten personenbezogenen Daten nur auf dokumentierte Weisung des Verantwortlichen – auch in Bezug auf die Übermittlung personenbezogener Daten an ein Drittland oder eine internationale Organisation –, sofern er nicht durch das Recht der Europäischen Union oder eines Mitgliedstaats, dem der Auftragsverarbeiter unterliegt, anderweitig verpflichtet ist. In einem solchen Fall teilt der Auftragsverarbeiter dem Verantwortlichen diese rechtlichen Anforderungen vor der Verarbeitung mit, sofern das betreffende Recht eine solche Mitteilung nicht wegen eines wichtigen öffentlichen Interesses verbietet.

b. gewährleistet, dass sich die zur Verarbeitung der personenbezogenen Daten befugten Personen zur Vertraulichkeit verpflichtet haben oder einer angemessenen gesetzlichen Verschwiegenheitspflicht unterliegen.

c. ergreift alle gemäß Art. 32 DSGVO erforderlichen Maßnahmen; die spezifischen Pflichten werden in Anhang II niedergelegt.

d. hält die in Art. 28 Abs. 2 und 4 DSGVO genannten Bedingungen für die unter Ziffer 3 konkretisierte Inanspruchnahme der Dienste eines weiteren Auftragsverarbeiters ein.

e. unterstützt den Verantwortlichen angesichts der Art der Verarbeitung nach Möglichkeit mit geeigneten technischen und organisatorischen Maßnahmen dabei, seiner Pflicht zur Beantwortung von Anträgen auf Wahrnehmung der in Kapitel III DSGVO genannten Rechte der betroffenen Person nachzukommen.

f. unterstützt den Verantwortlichen unter Berücksichtigung der Art der Verarbeitung und der ihm zur Verfügung stehenden Informationen bei der Einhaltung der in Art. 32 bis 36 DSGVO genannten Pflichten.

g. löscht oder gibt nach Wahl des Verantwortlichen alle personenbezogenen Daten nach Abschluss der Erbringung der Verarbeitungsleistungen zurück und löscht die vorhandenen Kopien, sofern nicht nach dem Unionsrecht oder dem Recht der Mitgliedstaaten eine Verpflichtung zur Speicherung der personenbezogenen Daten besteht.

h. stellt dem Verantwortlichen alle erforderlichen Informationen zum Nachweis der Einhaltung der in Art. 28 DSGVO niedergelegten Pflichten zur Verfügung und ermöglicht und trägt zu Überprüfungen – einschließlich Inspektionen –, die vom Verantwortlichen oder einem anderen von diesem beauftragten Prüfer, der zur Vertraulichkeit verpflichtet ist, durchgeführt werden, bei.

i. Mit Blick auf Punkt h informiert der Auftragsverarbeiter den Verantwortlichen unverzüglich, falls er der Auffassung ist, dass eine Weisung gegen die DSGVO oder gegen andere Datenschutzbestimmungen der Europäischen Union oder der Mitgliedstaaten verstößt.

3. Genehmigung zur Beauftragung von Unterauftragsverarbeitern

a. Der Verantwortliche erteilt dem Auftragsverarbeiter hiermit eine allgemeine schriftliche Genehmigung zur Beauftragung von Unterauftragsverarbeitern. Alle derzeit in Anspruch genommenen Unterauftragsverarbeiter werden in Anhang III aufgeführt.

b. Der Auftragsverarbeiter informiert den Verantwortlichen über jede beabsichtigte Änderung in Bezug auf die Hinzuziehung oder die Ersetzung von Unterauftragsverarbeitern, wodurch der Verantwortliche die Möglichkeit erhält, gegen derartige Änderungen Einspruch zu erheben. Im Fall eines Einspruchs gilt das Folgende: [bitte Rechtsfolge einfügen].

c. Nimmt der Auftragsverarbeiter die Dienste eines Unterauftragsverarbeiters in Anspruch, um bestimmte Verarbeitungstätigkeiten unter dieser AVV im Namen des Verantwortlichen auszuführen, stellt der Auftragsverarbeiter sicher, dass der Unterauftrag dem Unterauftragsverarbeiter dieselben Pflichten auferlegt, denen der Auftragsverabeiter unter dieser AVV unterliegt. Der Auftragsverarbeiter haftet gegenüber dem Verantwortlichen für die Einhaltung der Pflichten des Unterauftragsverarbeiters.

4. Verarbeitung außerhalb der EU/des EWR: Soweit personenbezogene Daten durch den Auftragsverarbeiter in einem Staat außerhalb der EU oder des EWR verarbeitet werden, der durch die Europäische Kommission nicht als sicherer Drittstaat im Hinblick auf den Datenschutz angesehen wird, kommen die EU Standardvertragsklauseln „Übermittlung von Verantwortlichen an Auftragsverarbeiter“ (Modul 2 des Durchführungsbeschlusses (EU) 2021/914 der Kommission) zwischen den Parteien zur Anwendung, wobei der Verantwortliche als Datenexporteur und der Auftragsverarbeiter als Datenimporteur gilt. Die Anhänge I bis III dieser AVV sind dann ebenso als A der Standardvertragsklauseln zu verstehen.

Verantwortlicher	**Auftragsverarbeiter**
Name:	Name:
Unterschrift eines Bevollmächtigten	Unterschrift eines Bevollmächtigten

Anhang I – Gegenstand, Art und Zweck der Verarbeitung, Kategorien personenbezogener Daten und Kategorien betroffener Personen

A. Liste der Parteien

Datenexporteur/Verantwortlicher: Name: [Bitte angeben]

- Anschrift: [Bitte angeben]
- Name, Funktion und Kontaktdaten der Kontaktperson: [Bitte angeben]
- Tätigkeiten, die für die gemäß diesem AVV übermittelten Daten von Belang sind: [Bitte angeben]
- Unterschrift und Datum: [Bitte angeben]

Datenimporteur/Auftragsverarbeiter: Name: [Bitte angeben]

- Anschrift: [Bitte angeben]
- Name, Funktion und Kontaktdaten der Kontaktperson: [Bitte angeben]
- Tätigkeiten, die für die gemäß diesem AVV übermittelten Daten von Belang sind: [Bitte angeben]
- Unterschrift und Datum: [Bitte angeben]

B. Beschreibung der Datenübermittlung:

- Kategorien betroffener Personen, deren personenbezogene Daten übermittelt werden: [Bitte angeben]
- Kategorien der übermittelten personenbezogenen Daten: [Bitte angeben]
- Übermittelte sensible Daten (falls zutreffend) und angewandte Beschränkungen oder Garantien, die der Art der Daten und den verbundenen Risiken in vollem Umfang Rechnung tragen, z. B. strenge Zweckbindung, Zugangsbeschränkungen (einschließlich des Zugangs nur für Mitarbeiter, die eine spezielle Schulung absolviert haben), Aufzeichnungen über den Zugang zu den Daten, Beschränkungen für Weiterübermittlungen oder zusätzliche Sicherheitsmaßnahmen: [Bitte angeben]
- Häufigkeit der Übermittlung (z. B. ob die Daten einmalig oder kontinuierlich übermittelt werden): [Bitte angeben]
- Art der Verarbeitung: [Bitte angeben]
- Zweck(e) der Datenübermittlung und Weiterverarbeitung: [Bitte angeben]
- Dauer, für die die personenbezogenen Daten gespeichert werden, oder, falls dies nicht möglich ist, die Kriterien für die Festlegung dieser Dauer: [Bitte angeben]
- [Bei Datenübermittlungen an (Unter-)Auftragsverarbeiter sind auch Gegenstand, Art und Dauer der Verarbeitung anzugeben.]: [Bitte angeben]

C. Zuständige Aufsichtsbehörde

- Zuständige Aufsichtsbehörde: [Bitte angeben, sofern Datenimporteur ausnahmsweise nicht in der EU niedergelassen ist]

Anhang II – Technische und organisatorische Maßnahmen

[Bitte angeben]

Anhang III – Liste der Unterauftragsverarbeiter

[Liste der eingesetzten Unterauftragsverarbeiter, jeweils mit Name, Anschrift, Kontaktperson (Name, Funktion, Kontaktdaten) und Beschreibung der Verarbeitung (einschließlich einer klaren Abgrenzung der Verantwortlichkeiten, falls mehrere Unterauftragsverarbeiter genehmigt werden]

2. Englischsprachiges Muster:

Art. 28 GDPR Data Processing Agreement

Between [name of Controller:], [address] (the **Controller**) and

[name of Processor], [address] (the **Processor**)

The parties have concluded a main agreement covering the responsibilities of the parties (the "Agreement"). This Art. 28 GDPR Data Processing Agreement ("DPA") shall complement the Agreement and fulfill the mandatory requirements for appointing a processor under Art. 28 GDPR. Any definitions in this agreement shall be construed in accordance with the GDPR.

1. **Subject matter, nature and purpose of the processing, type of personal data and categories of data subjects as well as duration:** As set out in Annex I.
2. **Obligations of the Processor**

   The Processor

   a. processes the personal data mentioned under Sec. 1 only on documented instructions from the Controller, including with regard to transfers of personal data to a third country or an international organisation, unless required to do so by Union or Member State law to which the Processor is subject; in such a case, the Processor shall inform the Controller of that legal requirement before processing, unless that law prohibits such information on important grounds of public interest.

   b. ensures that persons authorised to process the personal data have committed themselves to confidentiality or are under an appropriate statutory obligation of confidentiality;

   c. takes all measures required pursuant to Article 32 GDPR; the specific obligations are laid out in Annex II.

d. respects the conditions referred to in Art. 28 para. 2 and 4 GDPR for engaging another processor as specified under Section 3;

e. taking into account the nature of the processing, assists the Controller by appropriate technical and organisational measures, insofar as this is possible, for the fulfilment of the Controller's obligation to respond to requests for exercising the data subject's rights laid down in Chapter III GDPR;

f. assists the Controller in ensuring compliance with the obligations pursuant to Articles 32 to 36 GDPR taking into account the nature of processing and the information available to the Processor;

g. at the choice of the Controller, deletes or returns all the personal data to the Controller after the end of the provision of services relating to processing, and deletes existing copies unless Union or Member State law requires storage of the personal data;

h. makes available to the Controller all information necessary to demonstrate compliance with the obligations laid down in Article 28 GDPR and allow for and contribute to audits, including inspections, conducted by the Controller or another auditor mandated by the Controller which shall be subject to confidentiality requirements.

i. With regard to point (h), the Processor shall immediately inform the Controller if, in its opinion, an instruction infringes the GDPR or other Union or Member State data protection provisions.

3. Authorization to engage subprocessors

a. The Controller hereby provides the Processor with a general written authorization to employ subprocessors. All subprocessors currently used are set out in Annex III.

b. The Processor shall inform the Controller of any intended changes concerning the addition or replacement of subprocessors, thereby giving the Controller the opportunity to object to such changes. In case of objections, following shall apply: [please include].

c. Where the Processor subcontracts its obligations under this DPA, the Processor shall ensure that the subcontract imposes the same obligations on the subcontractor as are imposed on the Processor under this DPA. Processor shall remain fully liable to the Controller for the performance of the subprocessor's obligations.

4. **Processing outside of the EU/EEA:** To the extent that personal data is processed by the Processor in a country outside the EU or the EEA that is not considered a safe third country with regard to data protection by the European Commission, the EU Standard Contractual Clauses "Controller-to-Processor" ("SCC C2P", Commission decision (EU) 2021/914, Module 2) shall apply between the parties subject to the condition that the Controller will be deemed as data exporter and the Processor will be deemed as data importer within the meaning of the SCC C2P. Appendices 1 and 2 to this DPA shall be interpreted to be the appendices also for the SCC C2P.

CONTROLLER	**PROCESSOR**
Name:	Name:
Authorised Signature	Authorised Signature

Annex I – Subject matter, nature and purpose of the processing, type of personal data and categories of data subjects

A. List of parties

Data exporter/controller: Name: [please specify]

- Address: [please specify]
- Contact person's name, position and contact details: [please specify]
- Activities relevant to the data transferred under this DPA: [please specify]
- Signature and date: [please specify]

Data importer/processor: Name: [please specify]

- Address: [please specify]
- Contact person's name, position and contact details: [please specify]
- Activities relevant to the data transferred under this DPA: [please specify]

- Signature and date: [please specify]

B. Description of transfer

- Categories of data subjects whose personal data is transferred: [please specify]
- Categories of personal data transferred: [please specify]
- Sensitive data transferred (if applicable) and applied restrictions or safeguards that fully take into consideration the nature of the data and the risks involved, such as for instance strict purpose limitation, access restrictions (including access only for staff having followed specialised training), keeping a record of access to the data, restrictions for onward transfers or additional security measures: [please specify]
- Frequency of the transfer (e.g. whether the data is transferred on a one-off or continuous basis): [please specify]
- Nature of the processing: [please specify]
- Purpose(s) of the data transfer and further processing: [please specify]
- Period for which the personal data will be retained or, if that is not possible, the criteria used to determine that period: [please specify]
- [For transfers to (sub-) processors, also specify subject matter, nature and duration of the processing.]: [please specify]

C. Competent supervisory authority

- Competent supervisory authority: [please specify if data importer is not located in the EU]

Annex II – Technical and organisational measures

[please specify]

Annex III – List of subprocessors

[List of subprocessors used, each including name, adress, contact person's name, position and contact details, description of processing (including a clear delimitation of responsibilities in case several sub-processors are authorized]

V. Standardvertragsklauseln für Auftragsverarbeitungsverhältnisse innerhalb der Europäischen Union

Standardvertragsklauseln gibt es nicht nur für die Übermittlung personenbezogener Daten an Drittländer. Die Europäische Kommission hat auch ein Muster für einen Auftragsverarbeitungsvertrag veröffentlicht, der für rein europäische Auftragsverarbeitungsverhältnisse verwendet werden kann. Das Muster ist etwas gewöhnungsbedürftig und eher auftraggeberfreundlich. Es bietet jedoch den großen Vorteil der Rechtssicherheit: Wird das Muster der Kommission unverändert verwendet, können sich die Parteien darauf verlassen, dass sie einen rechtskonformen Auftragsverarbeitungsvertrag abgeschlossen haben. Dies ist – gerade vor dem Hintergrund der teilweise extrem hohen Anforderungen der Aufsichtsbehörden an Auftragsverarbeitungsverträge[168] – ein nicht zu unterschätzender Vorteil.

Daneben kann die Verwendung dieser Standardvertragsklauseln in komplexen Verarbeitungsketten sinnvoll sein. Die Standardvertragsklauseln für den Auftragsverarbeitungsvertrag sind nämlich mit den Standardvertragsklauseln für internationale Datenübermittlungen weitgehend abgestimmt. Somit können auch bei Verwendung verschiedener Vertragstypen entlang der Verarbeitungskette (Auftragsverarbeitungsvertrag für Parteien innerhalb der Europäischen Union; Standardvertragsklauseln zur internationalen Datenübermittlung für Datenempfänger außerhalb der Europäischen Union) allen Auftragsverarbeitern rechtssicher „dieselben Datenschutzpflichten" auferlegt werden, wie es in Art. 28 Abs. 4 S. 1 DSGVO verlangt wird.

Das Muster der Kommission sieht an verschiedenen Stellen unterschiedliche Optionen vor, die gewählt werden können. Daneben müssen die Anhänge der Standardvertragsklauseln mit vielen Informationen ausgefüllt werden. Das vorliegende Muster gibt hierzu Erläuterungen und Formulierungsvorschläge.

---

168 Vergleiche hierzu die Übersicht der Berliner Datenschutzaufsicht unter https://www.datenschutz-berlin.de/fileadmin/user_upload/pdf/dokumente/2022-BlnBDI_Checkliste-Pruefung-AVV_v1.0.pdf (abgerufen am 06.03.2025).

UMSETZUNGSBESCHLUSS DER EUROPÄISCHEN KOMMISSION (EU) 2021/915

Standardvertragsklauseln zwischen Verantwortlichen und Auftragsverarbeitern gemäß Artikel 28 Absatz 7 DSGVO

ABSCHNITT I

Klausel 1

Zweck und Anwendungsbereich

(a) Mit diesen Standardvertragsklauseln (im Folgenden „Klauseln“) soll die Einhaltung von Artikel 28 Absätze 3 und 4 der Verordnung (EU) 2016/679 des Europäischen Parlaments und des Rates vom 27. April 2016 zum Schutz natürlicher Personen bei der Verarbeitung personenbezogener Daten, zum freien Datenverkehr und zur Aufhebung der Richtlinie 95/46/EG (Datenschutz-Grundverordnung) sichergestellt werden.

(b) Die in Anhang I aufgeführten Verantwortlichen und Auftragsverarbeiter haben diesen Klauseln zugestimmt, um die Einhaltung von Artikel 28 Absätze 3 und 4 der Verordnung (EU) 2016/679 und/oder Artikel 29 Absätze 3 und 4 der Verordnung (EU) 2018/1725 zu gewährleisten.

(c) Diese Klauseln gelten für die Verarbeitung personenbezogener Daten gemäß Anhang II.

(d) Die Anhänge I bis IV sind Bestandteil der Klauseln.

(e) Diese Klauseln gelten unbeschadet der Verpflichtungen, denen der Verantwortliche gemäß der Verordnung (EU) 2016/679 und/oder der Verordnung (EU) 2018/1725 unterliegt.

(f) Diese Klauseln stellen für sich allein genommen nicht sicher, dass die Verpflichtungen im Zusammenhang mit internationalen Datenübermittlungen gemäß Kapitel V der Verordnung (EU) 2016/679 und/oder der Verordnung (EU) 2018/1725 erfüllt werden.

Klausel 2

Unabänderbarkeit der Klauseln

(a) Die Parteien verpflichten sich, die Klauseln nicht zu ändern, es sei denn, zur Ergänzung oder Aktualisierung der in den Anhängen angegebenen Informationen.

(b) Dies hindert die Parteien nicht daran die in diesen Klauseln festgelegten Standardvertragsklauseln in einen umfangreicheren Vertrag aufzunehmen und weitere Klauseln oder zusätzliche Garantien hinzuzufügen, sofern diese weder unmittelbar noch mittelbar im Widerspruch zu den Klauseln stehen oder die Grundrechte oder Grundfreiheiten der betroffenen Personen beschneiden.

Klausel 3

Auslegung

(a) Werden in diesen Klauseln die in der Verordnung (EU) 2016/679 bzw. der Verordnung (EU) 2018/1725 definierten Begriffe verwendet, so haben diese Begriffe dieselbe Bedeutung wie in der betreffenden Verordnung.

(b) Diese Klauseln sind im Lichte der Bestimmungen der Verordnung (EU) 2016/679 bzw. der Verordnung (EU) 2018/1725 auszulegen.

(c) Diese Klauseln dürfen nicht in einer Weise ausgelegt werden, die den in der Verordnung (EU) 2016/679 oder der Verordnung (EU) 2018/1725 vorgesehenen Rechten und Pflichten zuwiderläuft oder die Grundrechte oder Grundfreiheiten der betroffenen Personen beschneidet.

Klausel 4

Vorrang

Im Falle eines Widerspruchs zwischen diesen Klauseln und den Bestimmungen damit zusammenhängender Vereinbarungen, die zwischen den Parteien bestehen oder später eingegangen oder geschlossen werden, haben diese Klauseln Vorrang.

Klausel 5 – fakultativ

Kopplungsklausel

Anmerkung: Diese Klausel ist optional. Sie kann beibehalten werden, falls ein späterer Zutritt weiterer Parteien gewünscht ist.

(a) Eine Einrichtung, die nicht Partei dieser Klauseln ist, kann diesen Klauseln mit Zustimmung aller Parteien jederzeit als Verantwortlicher oder als Auftragsverarbeiter beitreten, indem sie die Anhänge ausfüllt und Anhang I unterzeichnet.

(b) Nach Ausfüllen und Unterzeichnen der unter Buchstabe a genannten Anhänge wird die beitretende Einrichtung als Partei dieser Klauseln behandelt und hat die Rechte und Pflichten eines Verantwortlichen oder eines Auftragsverarbeiters entsprechend ihrer Bezeichnung in Anhang I.

(c) Für die beitretende Einrichtung gelten für den Zeitraum vor ihrem Beitritt als Partei keine aus diesen Klauseln resultierenden Rechte oder Pflichten.

ABSCHNITT II – PFLICHTEN DER PARTEIEN

Klausel 6

Beschreibung der Verarbeitung

Die Einzelheiten der Verarbeitungsvorgänge, insbesondere die Kategorien personenbezogener Daten und die Zwecke, für die die personenbezogenen Daten im Auftrag des Verantwortlichen verarbeitet werden, sind in Anhang II aufgeführt.

Klausel 7

Pflichten der Parteien

7.1. Weisungen

(a) Der Auftragsverarbeiter verarbeitet personenbezogene Daten nur auf dokumentierte Weisung des Verantwortlichen, es sei denn, er ist nach Unionsrecht oder nach dem Recht eines Mitgliedstaats, dem er unterliegt, zur Verarbeitung verpflichtet. In einem solchen Fall teilt der Auftragsverarbeiter dem Verantwortlichen diese rechtlichen Anforderungen vor der Verarbeitung mit, sofern das betreffende Recht dies nicht wegen eines wichtigen öffentlichen Interesses verbietet. Der Verantwortliche kann während der gesamten Dauer der Verarbeitung personenbezogener Daten weitere Weisungen erteilen. Diese Weisungen sind stets zu dokumentieren.

(b) Der Auftragsverarbeiter informiert den Verantwortlichen unverzüglich, wenn er der Auffassung ist, dass vom Verantwortlichen erteilte Weisungen gegen die Verordnung (EU) 2016/679, die Verordnung (EU) 2018/1725 oder geltende Datenschutzbestimmungen der Union oder der Mitgliedstaaten verstoßen.

7.2. Zweckbindung

Der Auftragsverarbeiter verarbeitet die personenbezogenen Daten nur für den/die in Anhang II genannten spezifischen Zweck(e), sofern er keine weiteren Weisungen des Verantwortlichen erhält.

7.3. Dauer der Verarbeitung personenbezogener Daten

Die Daten werden vom Auftragsverarbeiter nur für die in Anhang II angegebene Dauer verarbeitet.

7.4. Sicherheit der Verarbeitung

(a) Der Auftragsverarbeiter ergreift mindestens die in Anhang III aufgeführten technischen und organisatorischen Maßnahmen, um die Sicherheit der personenbezogenen Daten zu gewährleisten. Dies umfasst den Schutz der Daten vor einer Verletzung der Sicherheit, die, ob unbeabsichtigt oder unrechtmäßig, zur Vernichtung, zum Verlust, zur Veränderung oder zur unbefugten Offenlegung von beziehungsweise zum unbefugten Zugang zu den Daten führt (im Folgenden „Verletzung des Schutzes personenbezogener Daten“). Bei der Beurteilung des angemessenen Schutzniveaus tragen die Parteien dem Stand der Technik, den Implementierungskosten, der Art, dem Umfang, den Umständen und den Zwecken der Verarbeitung sowie den für die betroffenen Personen verbundenen Risiken gebührend Rechnung.

(b) Der Auftragsverarbeiter gewährt seinem Personal nur insoweit Zugang zu den personenbezogenen Daten, die Gegenstand der Verarbeitung sind, als dies für die Durchführung, Verwaltung und Überwachung des Vertrags unbedingt erforderlich ist. Der Auftragsverarbeiter gewährleistet, dass sich die zur Verarbeitung der erhaltenen personenbezogenen Daten befugten Personen zur Vertraulichkeit verpflichtet haben oder einer angemessenen gesetzlichen Verschwiegenheitspflicht unterliegen.

7.5. Sensible Daten

Falls die Verarbeitung personenbezogene Daten betrifft, aus denen die rassische oder ethnische Herkunft, politische Meinungen, religiöse oder weltanschauliche Überzeugungen oder die Gewerkschaftszugehörigkeit hervorgehen, oder die genetische Daten oder biometrische Daten zum Zweck der eindeutigen Identifizierung einer natürlichen Person, Daten über die Gesundheit, das Sexualleben oder die sexuelle Ausrichtung einer Person oder Daten über strafrechtliche Verurteilungen und Straftaten enthalten (im Folgenden „sensible Daten"), wendet der Auftragsverarbeiter spezielle Beschränkungen und/oder zusätzlichen Garantien an.

7.6. Dokumentation und Einhaltung der Klauseln

(a) Die Parteien müssen die Einhaltung dieser Klauseln nachweisen können.

(b) Der Auftragsverarbeiter bearbeitet Anfragen des Verantwortlichen bezüglich der Verarbeitung von Daten gemäß diesen Klauseln umgehend und in angemessener Weise.

(c) Der Auftragsverarbeiter stellt dem Verantwortlichen alle Informationen zur Verfügung, die für den Nachweis der Einhaltung der in diesen Klauseln festgelegten und unmittelbar aus der Verordnung (EU) 2016/679 und/oder der Verordnung (EU) 2018/1725 hervorgehenden Pflichten erforderlich sind. Auf Verlangen des Verantwortlichen gestattet der Auftragsverarbeiter ebenfalls die Prüfung der unter diese Klauseln fallenden Verarbeitungstätigkeiten in angemessenen Abständen oder bei Anzeichen für eine Nichteinhaltung und trägt zu einer solchen Prüfung bei. Bei der Entscheidung über eine Überprüfung oder Prüfung kann der Verantwortliche einschlägige Zertifizierungen des Auftragsverarbeiters berücksichtigen.

(d) Der Verantwortliche kann die Prüfung selbst durchführen oder einen unabhängigen Prüfer beauftragen. Die Prüfungen können auch Inspektionen in den Räumlichkeiten oder physischen Einrichtungen des Auftragsverarbeiters umfassen und werden gegebenenfalls mit angemessener Vorankündigung durchgeführt.

(e) Die Parteien stellen der/den zuständigen Aufsichtsbehörde(n) die in dieser Klausel genannten Informationen, einschließlich der Ergebnisse von Prüfungen, auf Anfrage zur Verfügung.

7.7. Einsatz von Unterauftragsverarbeitern

Anmerkung: Hier muss eine Option gewählt werden. Beide Optionen sind gut vertretbar. Option 1 ist in der Regel vorzugswürdig für den Verantwortlichen, Option 2 begünstigt eher den Auftragsverarbeiter.

(a) OPTION 1: VORHERIGE GESONDERTE GENEHMIGUNG: Der Auftragsverarbeiter darf keinen seiner Verarbeitungsvorgänge, die er im Auftrag des Verantwortlichen gemäß diesen Klauseln durchführt, ohne vorherige gesonderte schriftliche Genehmigung des Verantwortlichen an einen Unterauftragsverarbeiter untervergeben. Der Auftragsverarbeiter reicht den Antrag auf die gesonderte Genehmigung mindestens

ZEITRAUM ANGEBEN – Aus Sicht des Verantwortlichen sollte die Frist hier eher etwas länger gewählt werden (z. B. 4 Wochen). Der Auftragsverarbeiter wird in der Regel eine kürzere Frist bevorzugen (z. B. fünf Werktage).

vor der Beauftragung des betreffenden Unterauftragsverarbeiters zusammen mit den Informationen ein, die der Verantwortliche benötigt, um über die Genehmigung zu entscheiden. Die Liste der vom Verantwortlichen genehmigten Unterauftragsverarbeiter findet sich in Anhang IV. Die Parteien halten Anhang IV jeweils auf dem neuesten Stand.

(b) OPTION 2: ALLGEMEINE SCHRIFTLICHE GENEHMIGUNG: Der Auftragsverarbeiter besitzt die allgemeine Genehmigung des Verantwortlichen für die Beauftragung von Unterauftragsverarbeitern, die in einer vereinbarten Liste aufgeführt sind. Der Auftragsverarbeiter unterrichtet den Verantwortlichen mindestens

ZEITRAUM ANGEBEN – Aus Sicht des Verantwortlichen sollte die Frist hier eher etwas länger gewählt werden (z. B. 4 Wochen). Der Auftragsverarbeiter wird in der Regel eine kürzere Frist bevorzugen (z. B. fünf Werktage).

im Voraus ausdrücklich in schriftlicher Form über alle beabsichtigten Änderungen dieser Liste durch Hinzufügen oder Ersetzen von Unterauftragsverarbeitern und räumt dem Verantwortlichen damit ausreichend Zeit ein, um vor der Beauftragung des/der betreffenden Unterauftragsverarbeiter/s Einwände gegen diese Änderungen erheben zu können. Der Auftragsverarbeiter stellt dem Verantwortlichen die erforderlichen Informationen zur Verfügung, damit dieser sein Widerspruchsrecht ausüben kann. Beauftragt der Auftragsverarbeiter einen Unterauftragsverarbeiter mit der Durchführung bestimmter Verarbeitungstätigkeiten (im Auftrag des Verantwortlichen), so muss diese Beauftragung im Wege eines Vertrags erfolgen, der dem Unterauftragsverarbeiter im Wesentlichen dieselben Datenschutzpflichten auferlegt wie diejenigen, die für den Auftragsverarbeiter gemäß diesen Klauseln gelten. Der Auftragsverarbeiter stellt sicher, dass der Unterauftragsverarbeiter die Pflichten erfüllt, denen der Auftragsverarbeiter entsprechend diesen Klauseln und gemäß der Verordnung (EU) 2016/679 und/oder der Verordnung (EU) 2018/1725 unterliegt.

(c) Der Auftragsverarbeiter stellt dem Verantwortlichen auf dessen Verlangen eine Kopie einer solchen Untervergabevereinbarung und etwaiger späterer Änderungen zur Verfügung. Soweit es zum Schutz von Geschäftsgeheimnissen oder anderen vertraulichen Informationen, einschließlich personenbezogener Daten notwendig ist, kann der Auftragsverarbeiter den Wortlaut der Vereinbarung vor der Weitergabe einer Kopie unkenntlich machen.

(d) Der Auftragsverarbeiter haftet gegenüber dem Verantwortlichen in vollem Umfang dafür, dass der Unterauftragsverarbeiter seinen Pflichten gemäß dem mit dem Auftragsverarbeiter geschlossenen Vertrag nachkommt. Der Auftragsverarbeiter benachrichtigt den Verantwortlichen, wenn der Unterauftragsverarbeiter seine vertraglichen Pflichten nicht erfüllt.

(e) Der Auftragsverarbeiter vereinbart mit dem Unterauftragsverarbeiter eine Drittbegünstigtenklausel, wonach der Verantwortliche – im Falle, dass der Auftragsverarbeiter faktisch oder rechtlich nicht mehr besteht oder zahlungsunfähig ist – das Recht hat, den Untervergabevertrag zu kündigen und den Unterauftragsverarbeiter anzuweisen, die personenbezogenen Daten zu löschen oder zurückzugeben.

7.8. Internationale Datenübermittlungen

(a) Jede Übermittlung von Daten durch den Auftragsverarbeiter an ein Drittland oder eine internationale Organisation erfolgt ausschließlich auf der Grundlage dokumentierter Weisungen des Verantwortlichen oder zur Einhaltung einer speziellen Bestimmung nach dem Unionsrecht oder dem Recht eines Mitgliedstaats, dem der Auftragsverarbeiter unterliegt, und muss mit Kapitel V der Verordnung (EU) 2016/679 oder der Verordnung (EU) 2018/1725 im Einklang stehen.

(b) Der Verantwortliche erklärt sich damit einverstanden, dass in Fällen, in denen der Auftragsverarbeiter einen Unterauftragsverarbeiter gemäß Klausel 7.7 für die Durchführung bestimmter Verarbeitungstätigkeiten (im Auftrag des Verantwortlichen) in Anspruch nimmt und diese Verarbeitungstätigkeiten eine Übermittlung personenbezogener Daten im Sinne von Kapitel V der Verordnung (EU) 2016/679 beinhalten, der Auftragsverarbeiter und der Unterauftragsverarbeiter die Einhaltung von Kapitel V der Verordnung (EU) 2016/679 sicherstellen können, indem sie Standardvertragsklauseln verwenden, die von der Kommission gemäß Artikel 46 Absatz 2 der Verordnung (EU) 2016/679 erlassen wurden, sofern die Voraussetzungen für die Anwendung dieser Standardvertragsklauseln erfüllt sind.

Klausel 8

Unterstützung des Verantwortlichen

(a) Der Auftragsverarbeiter unterrichtet den Verantwortlichen unverzüglich über jeden Antrag, den er von der betroffenen Person erhalten hat. Er beantwortet den Antrag nicht selbst, es sei denn, er wurde vom Verantwortlichen dazu ermächtigt.

(b) Unter Berücksichtigung der Art der Verarbeitung unterstützt der Auftragsverarbeiter den Verantwortlichen bei der Erfüllung von dessen Pflicht, Anträge betroffener Personen auf Ausübung ihrer Rechte zu beantworten. Bei der Erfüllung seiner Pflichten gemäß den Buchstaben a und b befolgt der Auftragsverarbeiter die Weisungen des Verantwortlichen.

(c) Abgesehen von der Pflicht des Auftragsverarbeiters, den Verantwortlichen gemäß Klausel 8 Buchstabe b zu unterstützen, unterstützt der Auftragsverarbeiter unter Berücksichtigung der Art der Datenverarbeitung und der ihm zur Verfügung stehenden Informationen den Verantwortlichen zudem bei der Einhaltung der folgenden Pflichten:

(1) Pflicht zur Durchführung einer Abschätzung der Folgen der vorgesehenen Verarbeitungsvorgänge für den Schutz personenbezogener Daten (im Folgenden „Datenschutz-Folgenabschätzung"), wenn eine Form der Verarbeitung voraussichtlich ein hohes Risiko für die Rechte und Freiheiten natürlicher Personen zur Folge hat;

(2) Pflicht zur Konsultation der zuständigen Aufsichtsbehörde(n) vor der Verarbeitung, wenn aus einer Datenschutz-Folgenabschätzung hervorgeht, dass die Verarbeitung ein hohes Risiko zur Folge hätte, sofern der Verantwortliche keine Maßnahmen zur Eindämmung des Risikos trifft;

(3) Pflicht zur Gewährleistung, dass die personenbezogenen Daten sachlich richtig und auf dem neuesten Stand sind, indem der Auftragsverarbeiter den Verantwortlichen unverzüglich unterrichtet, wenn er feststellt, dass die von ihm verarbeiteten personenbezogenen Daten unrichtig oder veraltet sind;

(4) Verpflichtungen gemäß Artikel 32 der Verordnung (EU) 2016/679.

(d) Die Parteien legen in Anhang III die geeigneten technischen und organisatorischen Maßnahmen zur Unterstützung des Verantwortlichen durch den Auftragsverarbeiter bei der Anwendung dieser Klausel sowie den Anwendungsbereich und den Umfang der erforderlichen Unterstützung fest.

Klausel 9

Meldung von Verletzungen des Schutzes personenbezogener Daten

Im Falle einer Verletzung des Schutzes personenbezogener Daten arbeitet der Auftragsverarbeiter mit dem Verantwortlichen zusammen und unterstützt ihn entsprechend, damit der Verantwortliche seinen Verpflichtungen gemäß den Artikeln 33 und 34 der Verordnung (EU) 2016/679 oder gegebenenfalls den Artikeln 34 und 35 der Verordnung (EU) 2018/1725 nachkommen kann, wobei der Auftragsverarbeiter die Art der Verarbeitung und die ihm zur Verfügung stehenden Informationen berücksichtigt.

9.1 Verletzung des Schutzes der vom Verantwortlichen verarbeiteten Daten

Im Falle einer Verletzung des Schutzes personenbezogener Daten im Zusammenhang mit den vom Verantwortlichen verarbeiteten Daten unterstützt der Auftragsverarbeiter den Verantwortlichen wie folgt:

(a) bei der unverzüglichen Meldung der Verletzung des Schutzes personenbezogener Daten an die zuständige(n) Aufsichtsbehörde(n), nachdem dem Verantwortlichen die Verletzung bekannt wurde, sofern relevant (es sei denn, die Verletzung des Schutzes personenbezogener Daten führt voraussichtlich nicht zu einem Risiko für die persönlichen Rechte und Freiheiten natürlicher Personen);

(b) bei der Einholung der folgenden Informationen, die gemäß Artikel 33 Absatz 3 der Verordnung (EU) 2016/679 in der Meldung des Verantwortlichen anzugeben sind, wobei diese Informationen mindestens Folgendes umfassen müssen:

    (1) die Art der personenbezogenen Daten, soweit möglich, mit Angabe der Kategorien und der ungefähren Zahl der betroffenen Personen sowie der Kategorien und der ungefähren Zahl der betroffenen personenbezogenen Datensätze;

    (2) die wahrscheinlichen Folgen der Verletzung des Schutzes personenbezogener Daten;

    (3) die vom Verantwortlichen ergriffenen oder vorgeschlagenen Maßnahmen zur Behebung der Verletzung des Schutzes per-

sonenbezogener Daten und gegebenenfalls Maßnahmen zur Abmilderung ihrer möglichen nachteiligen Auswirkungen.

Wenn und soweit nicht alle diese Informationen zur gleichen Zeit bereitgestellt werden können, enthält die ursprüngliche Meldung die zu jenem Zeitpunkt verfügbaren Informationen, und weitere Informationen werden, sobald sie verfügbar sind, anschließend ohne unangemessene Verzögerung bereitgestellt;

(c) bei der Einhaltung der Pflicht gemäß Artikel 34 der Verordnung (EU) 2016/679, die betroffene Person unverzüglich von der Verletzung des Schutzes personenbezogener Daten zu benachrichtigen, wenn diese Verletzung voraussichtlich ein hohes Risiko für die Rechte und Freiheiten natürlicher Personen zur Folge hat.

9.2 Verletzung des Schutzes der vom Auftragsverarbeiter verarbeiteten Daten

Im Falle einer Verletzung des Schutzes personenbezogener Daten im Zusammenhang mit den vom Auftragsverarbeiter verarbeiteten Daten meldet der Auftragsverarbeiter diese dem Verantwortlichen unverzüglich, nachdem ihm die Verletzung bekannt wurde. Diese Meldung muss zumindest folgende Informationen enthalten:

(a) eine Beschreibung der Art der Verletzung (möglichst unter Angabe der Kategorien und der ungefähren Zahl der betroffenen Personen und der ungefähren Zahl der betroffenen Datensätze);

(b) Kontaktdaten einer Anlaufstelle, bei der weitere Informationen über die Verletzung des Schutzes personenbezogener Daten eingeholt werden können;

(c) die voraussichtlichen Folgen und die ergriffenen oder vorgeschlagenen Maßnahmen zur Behebung der Verletzung des Schutzes personenbezogener Daten, einschließlich Maßnahmen zur Abmilderung ihrer möglichen nachteiligen Auswirkungen.

Wenn und soweit nicht alle diese Informationen zur gleichen Zeit bereitgestellt werden können, enthält die ursprüngliche Meldung die zu jenem Zeitpunkt verfügbaren Informationen, und weitere Informationen werden, sobald sie verfügbar sind, anschließend ohne unangemessene Verzögerung bereitgestellt.

Die Parteien legen in Anhang III alle sonstigen Angaben fest, die der Auftragsverarbeiter zur Verfügung zu stellen hat, um den Verantwortlichen bei der Erfüllung von dessen Pflichten gemäß Artikel 33 und 34 der Verordnung (EU) 2016/679 zu unterstützen.

ABSCHNITT III – SCHLUSSBESTIMMUNGEN

Klausel 10

Verstöße gegen die Klauseln und Beendigung des Vertrags

(a) Falls der Auftragsverarbeiter seinen Pflichten gemäß diesen Klauseln nicht nachkommt, kann der Verantwortliche – unbeschadet der Bestimmungen der Verordnung (EU) 2016/679 und/oder der Verordnung (EU) 2018/1725 – den Auftragsverarbeiter anweisen, die Verarbeitung personenbezogener Daten auszusetzen, bis er diese Klauseln einhält oder der Vertrag beendet ist. Der Auftragsverarbeiter unterrichtet den Verantwortlichen unverzüglich, wenn er aus welchen Gründen auch immer nicht in der Lage ist, diese Klauseln einzuhalten.

(b) Der Verantwortliche ist berechtigt, den Vertrag zu kündigen, soweit er die Verarbeitung personenbezogener Daten gemäß diesen Klauseln betrifft, wenn

(1) der Verantwortliche die Verarbeitung personenbezogener Daten durch den Auftragsverarbeiter gemäß Buchstabe a ausgesetzt hat und die Einhaltung dieser Klauseln nicht innerhalb einer angemessenen Frist, in jedem Fall aber innerhalb eines Monats nach der Aussetzung, wiederhergestellt wurde;

(2) der Auftragsverarbeiter in erheblichem Umfang oder fortdauernd gegen diese Klauseln verstößt oder seine Verpflichtungen gemäß der Verordnung (EU) 2016/679 und/oder der Verordnung (EU) 2018/1725 nicht erfüllt;

(3) der Auftragsverarbeiter einer bindenden Entscheidung eines zuständigen Gerichts oder der zuständigen Aufsichtsbehörde(n), die seine Pflichten gemäß diesen Klauseln, der Verordnung (EU) 2016/679 und/oder der Verordnung (EU) 2018/1725 zum Gegenstand hat, nicht nachkommt.

(c) Der Auftragsverarbeiter ist berechtigt, den Vertrag zu kündigen, soweit er die Verarbeitung personenbezogener Daten gemäß diesen Klauseln betrifft, wenn der Verantwortliche auf der Erfüllung seiner Anweisungen besteht, nachdem er vom Auftragsverarbeiter darüber in Kenntnis gesetzt wurde, dass seine Anweisungen gegen geltende rechtliche Anforderungen gemäß Klausel 7.1 Buchstabe b verstoßen.

(d) Nach Beendigung des Vertrags löscht der Auftragsverarbeiter nach Wahl des Verantwortlichen alle im Auftrag des Verantwortlichen verarbeiteten personenbezogenen Daten und bescheinigt dem Verantwortlichen, dass dies erfolgt ist, oder er gibt alle personenbezogenen Daten an den Verantwortlichen zurück und löscht bestehende Kopien, sofern nicht nach dem Unionsrecht oder dem Recht der Mitgliedstaaten eine Verpflichtung zur Speicherung der personenbezogenen Daten besteht. Bis zur Löschung oder Rückgabe der Daten gewährleistet der Auftragsverarbeiter weiterhin die Einhaltung dieser Klauseln.

ANHANG I

LISTE DER PARTEIEN

Verantwortliche(r): [Name und Kontaktdaten der/des Verantwortlichen und gegebenenfalls des Datenschutzbeauftragten des Verantwortlichen]

1. Name: …

Anschrift: …

Name, Funktion und Kontaktdaten der Kontaktperson: …

> **Das könnte der Datenschutzbeauftragte sein oder die jeweils zuständige Person für den Vertrag.**

Unterschrift und Beitrittsdatum: …

2. …

Auftragsverarbeiter: [Name und Kontaktdaten der/des Auftragsverarbeiter/s und gegebenenfalls des Datenschutzbeauftragten des Auftragsverarbeiters]

1. Name: …

Anschrift: …

Name, Funktion und Kontaktdaten der Kontaktperson: …

> **Das könnte der Datenschutzbeauftragte sein oder die jeweils zuständige Person für den Vertrag.**

Unterschrift und Beitrittsdatum: …

2.…

<u>ANHANG II</u>

BESCHREIBUNG DER VERARBEITUNG

Kategorien betroffener Personen, deren personenbezogene Daten verarbeitet werden

…

> **Beispiel für Personaldaten:**
> - **(ehemalige) Mitarbeiter**
> - **Bewerber**
> - **Freelancer**

Kategorien personenbezogener Daten, die verarbeitet werden

…

> **Beispiel für Personaldaten:**
> - **Identifizierungsdaten (z. B. Name, Anschrift, Telefonnummer und E-Mailadresse)**
> - **Sozialversicherungs- oder Ausweisnummer**
> - **Arbeitnehmernummer**
> - **Sprachkenntnis**
> - **Nationalität**
> - **Geburtsdatum**
> - **Geschlecht**
> - **Schulische und berufliche Ausbildung oder Einstufungen**
> - **Vorherige Arbeitgeber, Lebenslauf**
> - **Einstellungsdatum**
> - **Leistungsbeurteilungen, Evaluierungen, Bewertungen, individuelle Entwicklungspläne, disziplinarische Dokumente, individuelle Kompetenzen, geplante Entwicklungsmaßnahmen**
> - **Schulungshistorie**

- **Arbeitsvertrag, Abfindungsvereinbarungen, Vertraulichkeits- und Geheimhaltungsvereinbarungen**
- **Fotografien**
- **Reiseplanungen, Reisepass und Unterbringung bei Reisen sowie alle darauf bezogenen Zahlungsinformationen**
- **Informationen über Arbeitserlaubnis und Aufenthaltsstatus**
- **Gegenwärtige und vorherige Tätigkeitsbezeichnungen, Funktionen, Abteilungen und Organisationen**
- **Geplante künftige Positionen und vorgesehene Entwicklungsmaßnahmen**
- **Vergangene und gegenwärtige Gehälter**
- **Bonuszahlungen, Aktien und sonstige Zahlungen**
- **Informationen über Expatriate-Besteuerung**
- **Firmenfahrzeug, Computer oder anderes Firmenvermögen**
- **Informationen über Sozial-, Gesundheits- und andere Versicherungsleistungen für Expatriates**

Verarbeitete sensible Daten (falls zutreffend) und angewandte Beschränkungen oder Garantien, die der Art der Daten und den verbundenen Risiken in vollem Umfang Rechnung tragen, z. B. strenge Zweckbindung, Zugangsbeschränkungen (einschließlich des Zugangs nur für Mitarbeiter, die eine spezielle Schulung absolviert haben), Aufzeichnungen über den Zugang zu den Daten, Beschränkungen für Weiterübermittlungen oder zusätzliche Sicherheitsmaßnahmen

…

Beispiel für Personaldaten:
- **Glaubenszugehörigkeit, die für die Besteuerung verarbeitet wird**
- **Gesundheitsdaten, die für sozialversicherungs- oder arbeitsrechtliche Zwecke oder für den Arbeitsschutz verarbeitet werden (z. B. krankheitsbedingte Abwesenheiten, Mutterschaftsurlaub, Elternzeit, Behinderungen, Risikofaktoren, Arbeitsunfälle und daraus resultierende Ansprüche)**
- **Informationen über Behinderungen, soweit deren Verarbeitung gesetzlich notwendig ist**
- **Gewerkschaftszugehörigkeit, soweit die Verarbeitung gesetzlich erlaubt ist oder eine Einwilligung vorliegt.**

Art der Verarbeitung

…

Zweck(e), für den/die die personenbezogenen Daten im Auftrag des Verantwortlichen verarbeitet werden

…

Beispiel für Personaldaten:

(a) Personalwesen und Nachfolgeplanung, wie z. B.
- **Organisation der Personalzuweisung**
- **Identifizierung geeigneter Kandidaten für die Nachbesetzung künftig freiwerdender Stellen**
- **Unterstützung von Mitarbeiterinitiativen und -programmen**
- **Auswertung und Berichterstattung zur Zusammensetzung der Mitarbeiterschaft**
- **Überstützung ausländischer Arbeitskräfte, um eine Arbeitserlaubnis zu erhalten und zu behalten**

(b) Planung und Verwaltung der Vergütung und Zusatzleistungen, wie z. B.
- **Maßnahmen, um Mitarbeitern den Zugang zu Zusatzleistungen zu ermöglichen**
- **Prüfung und Genehmigung von Änderungen der Vergütung und Zusatzleistungen durch bestimmte Mitarbeiter**
- **Planung, Auswertung und Genehmigung von Mitarbeitervergütungsplänen (z. B. Provisionen, Gehaltsanpassungen, Boni, Prämien, Aktienoptionen)**
- **Bereitstellung und Verwaltung von Zusatzleistungen**

(c) Recruitment, wie z. B.
- **Möglichkeit für Mitarbeiter, sich für offene Stellen zu bewerben**
- **Prüfung interner und externer Bewerber und Auswahl geeigneter Personen zur Besetzung offener Stellen**
- **Überprüfung arbeitsbezogener Qualifikationen interner und externer Bewerber**
- **Auswertung des Bewerberpools für strategische Zwecke**

(d) Elektronische Systeme und Personalverzeichnisse, wie z. B.
- **Einrichtung und Pflege globaler Personalverzeichnisse, auf die alle Mitarbeiter der Unternehmensgruppe zugreifen können (z. B. Intranet oder E-Mailverzeichnis)**
- **Erstellung, Verwaltung und Pflege von Personalakten**

(e) Schulungen und Fortbildungen, wie z. B.
- **Planung, Koordination und Verwaltung von Personalschulungen und -fortbildungen**

(f) Reisemanagement, wie z. B.
- **Erfassung der Geschäftsreisen von Mitarbeitern für Zwecke des Beschaffungswesens und der Finanzkontrolle.**

Dauer der Verarbeitung

…

Bei der Verarbeitung durch (Unter-)Auftragsverarbeiter sind auch Gegenstand, Art und Dauer der Verarbeitung anzugeben.

…

ANHANG III

TECHNISCHE UND ORGANISATORISCHE MAẞNAHMEN, EINSCHLIEẞLICH ZUR GEWÄHRLEISTUNG DER SICHERHEIT DER DATEN

ERLÄUTERUNG:

Die technischen und organisatorischen Maßnahmen müssen konkret beschrieben werden; eine allgemeine Beschreibung ist nicht ausreichend.

Beschreibung der von dem/den Verantwortlichen ergriffenen technischen und organisatorischen Sicherheitsmaßnahmen (einschließlich aller relevanten Zertifizierungen) zur Gewährleistung eines angemessenen Schutzniveaus unter Berücksichtigung der Art, des Umfangs, der Umstände und des Zwecks der Verarbeitung sowie der Risiken für die Rechte und Freiheiten natürlicher Personen Beispiele für mögliche Maßnahmen:

Maßnahmen der Pseudonymisierung und Verschlüsselung personenbezogener Daten

Maßnahmen zur fortdauernden Sicherstellung der Vertraulichkeit, Integrität, Verfügbarkeit und Belastbarkeit der Systeme und Dienste im Zusammenhang mit der Verarbeitung

Maßnahmen zur Sicherstellung der Fähigkeit, die Verfügbarkeit der personenbezogenen Daten und den Zugang zu ihnen bei einem physischen oder technischen Zwischenfall rasch wiederherzustellen

Verfahren zur regelmäßigen Überprüfung, Bewertung und Evaluierung der Wirksamkeit der technischen und organisatorischen

Maßnahmen zur Gewährleistung der Sicherheit der Verarbeitung

Maßnahmen zur Identifizierung und Autorisierung der Nutzer

Maßnahmen zum Schutz der Daten während der Übermittlung

Maßnahmen zum Schutz der Daten während der Speicherung

Maßnahmen zur Gewährleistung der physischen Sicherheit von Orten, an denen personenbezogene Daten verarbeitet werden Maßnahmen zur Gewährleistung der Protokollierung von Ereignissen

Maßnahmen zur Gewährleistung der Systemkonfiguration, einschließlich der Standardkonfiguration

Maßnahmen für die interne Governance und Verwaltung der IT und der IT-Sicherheit

Maßnahmen zur Zertifizierung/Qualitätssicherung von Prozessen und Produkten

Maßnahmen zur Gewährleistung der Datenminimierung

Maßnahmen zur Gewährleistung der Datenqualität Maßnahmen zur Gewährleistung einer begrenzten Vorratsdatenspeicherung

Maßnahmen zur Gewährleistung der Rechenschaftspflicht

Maßnahmen zur Ermöglichung der Datenübertragbarkeit und zur Gewährleistung der Löschung

Bei Datenübermittlungen an (Unter-)Auftragsverarbeiter sind auch die spezifischen technischen und organisatorischen Maßnahmen zu beschreiben, die der (Unter-)Auftragsverarbeiter zur Unterstützung des Verantwortlichen ergreifen muss.

Beschreibung der spezifischen technischen und organisatorischen Maßnahmen, die der Auftragsverarbeiter zur Unterstützung des Verantwortlichen ergreifen muss

ANHANG IV

LISTE DER UNTERAUFTRAGSVERARBEITER

ERLÄUTERUNG:

Dieser Anhang muss im Falle einer gesonderten Genehmigung von Unterauftragsverarbeitern ausgefüllt werden (Klausel 7.7 Buchstabe a, Option 1).

Der Verantwortliche hat die Inanspruchnahme folgender Unterauftragsverarbeiter genehmigt:

1. Name:…

Anschrift:…

Name, Funktion und Kontaktdaten der Kontaktperson: …

tragsverarbeitung?, Stand: 15.11.2021, https://www.datenschutz-bayern.de/datenschutzreform2018/aki06.html (abgerufen am 26.02.2025).

Berliner Beauftragte für Datenschutz und Informationsfreiheit, Hinweise für Berliner Verantwortliche zu Anbietern von Videokonferenzdiensten, Version 2.0, Stand: 18.02.2021, https://www.datenschutz-berlin.de/fileadmin/user_upload/pdf/dokumente/2021-BlnBDI_Dienste-fuer-Videokonferenzen.pdf (abgerufen am 26.02.2025).

Der Landesbeauftragte für den Datenschutz Niedersachsen, FAQ zur Auftragsverarbeitung, Stand: August 2022, https://lfd.niedersachsen.de/download/156382/FAQ_zur_Auftragsverarbeitung_nach_Art._28_DS-GVO.pdf (abgerufen am 26.02.2025).

3. Nationale Behörden aus anderen EU-Staaten

CNIL, Guide for Processors, Stand: September 2017, https://www.cnil.fr/sites/default/files/atoms/files/gdpr_guide-for-processors_en.pdf (abgerufen am 26.02.2025).

CNIL, Sous-traitants: la réutilisation de données confiées par un responsable de traitement, Stand: 11.01.2022, NIL, Sous-traitants: la réutilisation de données confiées par un responsable de traitement (abgerufen am 26.02.2025).

II. Literatur

Albrecht/Jotzo, Das neue Datenschutzrecht der EU

Auernhammer (Begr.)/*Eßer/Kramer/von Lewinski* (Hrsg.), DSGVO BDSG Kommentar, 8. Auflage 2023

Bauer/Sura, Datenschutzverstöße durch Arbeitnehmer und (fehlende?) Exkulpationsmöglichkeit des Arbeitgebers, ZD 2025, 7

Bergmann/Möhrle/Herb (Hrsg.), Datenschutzrecht Kommentar, 66. Ergänzung, Stand: Juni 2024

Bitkom, Mustervertrag Auftragsverarbeitung, Version 1.1, Mai 2017; abrufbar unter: https://www.bitkom.org/sites/default/files/file/import/170515-Auftragsverarbeitung-Anlage-Mustervertrag-online.pdf (abgerufen am 20.02.2025)

Eckhardt, DS-GVO: Anforderungen an die Auftragsverarbeitung als Instrument zur Einbindung Externer, CCZ 2017, 111

Eckhardt/Kramer, EU DSGVO Diskussionspunkte aus der Praxis, DuD 2013, 287

Ehmann, Abschied von der Verpflichtung auf das Datengeheimnis?, ZD 2017, 453

Ehmann/Selmayr (Hrsg.), DS-GVO Kommentar, 3. Auflage 2024

GDD (Gesellschaft für Datenschutz und Datensicherheit), Mustervertrag zur Auftragsverarbeitung, Stand Juni 2021, abrufbar unter: https://www.gdd.de/wp-content/uploads/2023/06/20210622-Mustervertrag-zur-Auftragsverarbeitung-DS-GVO-Vers.-2.1.docx (aufgerufen am 26.02.2025)

Gierschmann/Schlender/Stentzel/Veil (Hrsg.), Kommentar Datenschutz-Grundverordnung, 2018

Gola, Neues Recht – neue Fragen: Einige aktuelle Interpretationsfragen zur DSGVO, K&R, 2017, 145

Gola/Heckmann (Hrsg.), Datenschutz-Grundverordnung Bundesdatenschutzgesetz Kommentar, 3. Auflage 2022

Gola/Schomerus (Hrsg.), Bundesdatenschutzgesetz, 12. Auflage 2015

Härting, Auftragsverarbeitung nach der DSGVO, ITRB 2016, 137

Jungkind/Raspé/Schramm, Risikoanalyse und zusätzliche Maßnahmen – Konzerninterner US-Datentransfer nach „Schrems II", NZG 2020, 1056

Koós/Englisch, Eine „neue" Auftragsdatenverarbeitung. Gegenüberstellung der aktuellen Rechtslage und der DS-GVO in der Fassung des LIBE-Entwurfs, ZD 2014, 276

Koreng/Lachenmann (Hrsg.), Formularhandbuch Datenschutzrecht, 3. Auflage 2021

Kühling/Buchner (Hrsg.), Datenschutz-Grundverordnung/BDSG Kommentar, 4. Auflage 2024

Lachenmann, Datenübermittlung im Konzern, 2016

Moos/Rothkegel, Anmerkung zu EuGH, Urt. v. 11.04.2024 – C-741/21 – GP/juris, ZD 2024, 384

Mullock/Jameson, The other SCCs', abrufbar unter: https://sites-twobirds.vuture.net/104/10005/june-2021/the-other-sccs---new-art.-28-sccs-published.asp (abgerufen am 20.02.2025)

Nabulsi, „Dauerbrenner" beim EuGH: Der Ersatz immaterieller Schäden nach Art. 82 DS-GVO, ZEuP 2024, 918

Paal/Pauly (Hrsg.), Datenschutz-Grundverordnung Bundesdatenschutzgesetz, 3. Auflage 2021

Petri, Auftragsdatenverarbeitung – heute und morgen. Reformüberlegungen zur Neuordnung des Europäischen Datenschutzrechts, ZD 2015, 305

Piltz, Datenschutz-Grundverordnung – Kaum beachtet: Deutsche Privilegierung der Auftragsdatenverarbeitung entfällt, Beitrag vom 10.05.2016, abrufbar unter https://www.delegedata.de/2016/05/datenschutz-grundverordnung-kaum-beachtet-deutsche-privilegierung-der-auftragsdatenverarbeitung-entfaellt/ (abgerufen am 26.02.2025)

Plath (Hrsg.), DSGVO/BDSG/TTDSG Kommentar, 4. Auflage 2023

Rolfs/Giesen/Meßling/Udsching (Hrsg.), BeckOK Arbeitsrecht, 74. Edition Stand: 01.12.2024.

Schmid/Kahl, Verarbeitung „sensibler" Daten durch Cloud-Anbieter in Drittstaaten, ZD 2017, 54.

Schmitz/von Dall'Armi, Auftragsdatenverarbeitung in der DS-GVO – das Ende der Privilegierung?, ZD 2016, 427

Schröder, Datenschutzrechtliche Stellung von externen Mitarbeitern, K&R 2023, 327

Schröder, Der risikobasierte Ansatz in der DS-GVO, ZD 2019, 503

Schütt/Seidel, Wer eine Person „unterstellt“, gliedert diese auch ein? Datenschutzrechtliche Einbindung von Fremdpersonal, DSB 2022, 80

Simitis/Hornung/Spiecker gen. Döhmann (Hrsg.), NomosKommentar Datenschutzrecht, 2. Auflage 2025

Spindler/Schuster (Hrsg.), Recht der elektronischen Medien Kommentar, 4. Auflage 2019

Sydow/Marsch (Hrsg.), DS-GVO BDSG Handkommentar, 3. Auflage 2022

Taeger/Gabel (Hrsg.), Kommentar DSGVO – BDSG – TTDSG, 4. Auflage 2022

Taeger/Pohle (Hrsg.), Computerrechts-Handbuch, 39. Ergänzungslieferung Stand: April 2024

von dem Bussche/Voigt (Hrsg.), Konzerndatenschutz Rechtshandbuch, 2. Auflage 2019

Voigt, Praxisprobleme im Zusammenhang mit den EU-Standardvertragsklauseln zur Auftragsverarbeitung – mehr als „nur“ Schrems II, CR 2020, 513

Voigt, Die Anwendung des datenschutzrechtlichen Marktortprinzips auf Auftragsverarbeiter im Drittland, CR 2021, 307

Voigt, Neue Standardvertragsklauseln für internationale Datentransfers, CR 2021, 458

Voigt, Die räumliche Anwendbarkeit der EU Datenschutz-Grundverordnung auf Auftragsverarbeiter im Drittland 2020

Voigt, IT-Sicherheitsrecht, 2. Auflage 2021

Weber/Voigt, Internationale Auftragsdatenverarbeitung. Praxisempfehlungen für die Auslagerung von IT-Systemen in Drittstaaten mittels Standardvertragsklauseln, ZD 2011, 74

Wolff/Brink/von Ungern-Sternberg (Hrsg.), BeckOK Datenschutzrecht, 50. Edition, Stand: 01.11.2024.